Nakajima Satoshi
中島聡

メタトレンド投資

10倍株・100倍株の見つけ方

徳間書店

はじめに

私は、20年以上にわたり「メタトレンド投資」を行ってきました。「メタトレンド」とは、「メタ（高次の）」と「トレンド（流れ）」を組み合わせた造語です。

メタトレンド投資とは、社会構造の激変や産業の再編、テクノロジーの飛躍的な進歩などが生み出すメタトレンド、つまり〝時代の巨大なうねり〟を早い段階でとらえ、しかるべき企業に投資し、その長期的な成長を狙う手法です。

例えば、NVIDIAやTeslaといった新たな時代を切り拓く企業に、まだ多くの人が名前すら知らない時点で目をつけられる。AppleやAmazonのように世界経済をリードする企業を、まだ株価が割安な段階で見つけられる。早い段階でそうした企業の株式を購入できれば、その後、株価が10倍、１００倍に化ける可能性もあります。

しかも、メタトレンド投資であれば、日々の株価の変動に一喜一憂する必要もありません。本書では、そんな夢のような、それでいて地に足のついたメタトレンド投資の方法論

を、実例を交えてわかりやすくお伝えします。

あらためまして、著者の中島聡と申します。

米マイクロソフト本社ではエンジニアとしてWindows95の開発に携わり、いまや当たり前となった「右クリック」や「ドラッグ&ドロップ」といった操作の概念を広めました。米マイクロソフト退社後は複数の企業を起業・経営し、2019年には「Xevo（ジーヴォ）」という車載システムのユーザーインターフェイス設計などを行うソフトウェア会社を3億2000万ドル（約352億円）で売却。その後もエンジニアや起業家、経営者として活動する一方、最近は有料メルマガの著者として原稿を書く時間が増えています。

「次のNVIDIAはどこですか?」

「Teslaのように株価が爆上がりする企業を5社挙げてください」

「中島さんのポートフォリオ（株式など金融資産の組み合わせ）を詳しく知りたいです」

私が毎週発行している有料メルマガ「週刊Life is Beautiful」には、読者からこんな質問が寄せられます。

メルマガでは、ＩＴ企業やスタートアップ、最新テクノロジー、さらには日米のビジネス事情まで幅広いテーマを取り上げています。特に企業が発表したリリースやＣＥＯのインタビュー、ビジネスメディアの特集記事などをもとに個別の企業を分析したものを、毎号のようにメルマガにアウトプットしています。

「この企業の強みはなにか？」「彼らはどんなイノベーションを起こそうとしているのか？」、はたまた「このＣＥＯは本当に信用してもいいのか……？」まで。私の、エンジニアや経営者、そして根っからのテクノロジーオタクとしての多面な視点から分析しています。


さらに私は分析と執筆だけでは満足しません。将来性を強く感じたり、直感的に確信したりした企業は、実際に株式を購入しています。現在、株式市場で大きな注目を集めるNVIDIAやTesla、Apple、Amazonといった企業もそのひとつです。

こういった株を10年、20年以上前から保有し続け、その多くが10倍、30倍もの成長を遂げています。こうしたパフォーマンスを知った読者が「次のNVIDIA」を訊《たず》ねてくるのも、無理はありません。

こうした質問に具体的に回答するのは難しいものの、「次のNVIDIA」や「第2のTesla」を見つけるための考え方やヒントは伝えられます。

私が多くの人が目をつけていない段階でNVIDIAやTesla、Apple、Amazonなどを選んだのは、決して偶然ではないからです。多くの人たちがまだ注目していない段階でこれらの株に投資できた背景には、メタトレンド投資の発想と実践がありました。

とうぜん、投資にはリスクが伴います。私も勝率100％ではありません。特に、2001年に崩壊したドットコムバブルでは大やけどをしました。暴落する株価に焦り、その後の大躍進を遂げるAmazon株を手放すことになったほどでした。過ぎ去ったことにはあまり引きずられないこの私も、あのときの判断は、今でも後悔しています。

このように投資にはリスクは存在しますが、だからといって使わないお金を銀行に眠らせておくのはもったいない。銀行預金は投資と違って、基本的には元本割れすることはありません。ペイオフといって、1000万円まであれば銀行が破綻しても預金とその利息は保護の対象となります。

つまり、銀行預金には「元本保証」があるようなもの。かといってそれで安心というわけではありません。現在の日本やアメリカのようにインフレが進めば、現金そのものの価値は目減りしていきます。

銀行金利も雀の涙ほど。2024年に日本銀行が追加利上げをしたことを受け、メガバンク3行が預金金利の大幅な引き上げを表明しました。ところが、蓋《ふた》を開けてみれば0・02%から0・1%へと上がっただけ。一般的な預金額では子どものお小遣いほどの利息ももらえません。

一方で、そのお金を投資に回せば、預金金利を遥かに超えるリターンを期待することができます。新NISA（少額投資非課税制度）スタートによって日本で大人気になったインデックスファンド（S&P500や日経平均株価などの経済指数に連動した運用を目指す投資信託）のリターンは平均5%程度と言われています。個別株ならもっと大きなリターンになるでしょう。

使わないお金をただ銀行に預けておくのは、現金の価値が目減りするリスクがあり、機会損失にもなってしまいます。それは、非常にもったいない行為です。

す。

投資は推し活

さらに、投資は単なるお金儲けを超えた楽しみをもたらします。ずばり、「推し活」です。

「iPhone なしの生活は考えられない！」という人が、なぜ Apple の株を買っていないのか。ポイ活に励み、楽天ポイントを一生懸命ためている人が、なぜ楽天グループの株を持とうとしないのか。

こういう人は非常に多いと思いますが、私にとっては不思議で仕方ありません。

自分が愛用する製品のメーカーの株主になれば、新製品発表がまるで推しのアイドルの新曲発表のように待ち遠しくなります。企業の決算発表が、ニューシングルの選抜メンバー発表のようにドキドキ、ワクワクする一大イベントになります。

推しが国民的アイドルになっていく過程を、握手会やコンサートなどを通じて間近で楽しむように、株式投資を通じて推しの企業の成長を間近で感じることができる。

もちろん、インデックスファンドによる長期・分散投資も資産形成において有効な選択肢です。しかし、それは基本的に企業分析などを必要とせず、長期間保有し続けることが前提となります。

一方、個別株投資なら、自分の目で企業を選び、その成長ストーリーに共感し、まるで企業の一員になったかのような当事者意識を持って投資を楽しむことができます。

そして、特に自分が応援したい企業、つまり推しに投資する「推し投資」なら、投資の醍醐味《だいごみ》である「ワクワク感」や「企業と一体となって成長する喜び」といった興奮と感動を思うぞんぶん味わうことができます。

詳しくは本文でお伝えしますが、こうした「推し活」の感覚もまた、投資がもたらす魅力のひとつです。

第3の投資手法

投資の世界には、将来の株価や為替の値動きを予想する手法がいくつも存在します。「テクニカル分析」は過去の株価データや価格の変動をもとに予想する手法。また現在の財務状況や業績に注目するのが「ファンダメンタルズ分析」です。この2つの伝統的な手法に対し、メタトレンド投資は多くの人々のライフスタイルや産業の勢力図を一気に塗り替えてしまう巨大な流れを先取りする手法です。

5年、10年先を見据え、巨大な時代の流れに賭ける。それによって10倍、100倍に化ける企業の株を、安い段階で買うことができるかもしれない。

さらに、メタトレンドに乗り遅れてもタイムオーバーになることは稀です。メタトレンドが実際に起き、多くの人がその変化に気づきはじめてから投資をスタートしても遅くありません。

言い換えれば、「メタトレンドが本当に起きるのかどうか」をある程度、様子見することができるので、リスクを抑えることができるのです。

メタトレンド投資は、テクニカル分析やファンダメンタルズ分析に次ぐ「第3の投資手法」として、これからますます注目されていくでしょう。

株の値動きに一喜一憂しなくて済む

こんな人はいないでしょうか。朝起きたらまずチェックするのは株価チャート。LINEの通知やSNSよりも、とにかく保有資産の増減が気になってしまう。

仕事中、トイレに行くたびに、スマホの株価アプリを立ち上げてしまう。資産が増えていれば仕事がはかどるし、資産が減っていれば仕事にも身が入らない。

SNSのトレンドに「暴落」や「ストップ安」といった不穏なワードが挙がれば、心臓がバクバクと高鳴り、いてもたってもいられなくなる。慌てて証券会社のアプリを開き、自分の保有銘柄に影響がないことを確認して、胸を撫《な》で下ろす。

このように、いざ投資をはじめてみたものの、株価の変化や、保有資産の増減に一喜一憂している人は多いでしょう。

ご存じのように、株価はさまざまな要因に左右されます。大国の経済政策や経済指標、インフレ、あるいは国際情勢……。こういったさまざまな要因が、株価に大きな影響を与えます。

しかし、メタトレンド投資は、10年単位で腰を据えて行います。**すると、アメリカの金利政策の変更や、日本銀行の利上げなど株価に大きな影響を与える要因であっても、メタトレンド投資の前では「ノイズ」にすぎなくなります。**

本書では、メタトレンドを見極めるための情報収集法や、個別の企業選びの視点、そして私自身が痛い思いをした教訓をもとに築いた絶対に外せない投資ルールも紹介していきます。

この本を通じて、あなたがメタトレンドをつかめるようになる。長期的な視点で企業を応援し、資産形成とともに社会の大きな変化や企業の成長を楽しめるようになる。そんな新しい投資スタイルを手に入れていただければ、これ以上嬉しいことはありません。

あなたが「これは！」と確信した企業が世界を驚かせるようなイノベーションを起こし、「次のNVIDIA」「第2のTesla」へと飛躍を遂げる。そんな未来を私は心から楽しみにしています。

目次

メタトレンド投資　10倍株・100倍株の見つけ方

第1章

第3の投資手法「メタトレンド投資」とは？

第2章 「メタトレンド投資」実践のイロハ

第3章 「推し」の企業に投資する

■「推す」ことで点と点がつながる 129
■「経営者のビジョン」を推す 132
■「経営者の人となり」を推す 135
■見限った株を買い戻す柔軟性も必要 138
■「メタトレンド＋推し」が最強の投資法 140
■「メタトレンド×、推し○」はさすがに厳しい 143
■推し投資のデメリット 144

第4章 投資判断のソース

数字

■赤字企業の場合、「あと何年持つか」をまずチェック 148
■黒字企業は「ＰＥＲ」と「成長性」を見る 151
■徹底的な競合分析はいらない 156

第6章 日本株、投資信託、金（ゴールド）、仮想通貨

・本書に掲載されている情報は、情報提供を目的としたものであり、特定商品についての投資の勧誘や売買の推奨を目的としたものではありません。
・本書に掲載されている情報は、2025年1月時点の情報であり、今後変更される可能性があります。
・本書に掲載されている情報を利用したことでなんらかの損害が生じたとしても、著者および出版社はその責任を負いかねます。投資の判断は自己責任で行ってください。

第1章

第3の投資手法「メタトレンド投資」とは？

値動き予測は無理ゲー

株式投資の世界には、過去の株価データをもとに将来の値動きを予測しようとする「テクニカル分析」という手法があります。

例えば「ゴールデンクロス」「デッドクロス」などのワードを耳にしたことがある方も多いでしょう。これらは、一定期間の価格の平均値を折れ線グラフで示した「移動平均線」を活用します。そして、そこから相場が上昇トレンドに入るのか、それとも下降トレンドに転じるのかを判断しようとする手法です。

テクニカル分析を使う投資家の多くが「もうすぐ上昇に転じるはずだ」「ここで反転するかもしれない」とまるで祈るような気持ちで日々チャートとにらめっこをしています。

テクニカル分析は古くから存在する王道の手法ですが、私自身、一度たりとも使ったことがありません。はっきり言えば、試してみようとすら思わなかったのです。

それはテクニカル分析には、本質的な限界と矛盾があるからにほかなりません。

株価を動かすのは、未来に無数に存在する不確定要素です。革新的なテクノロジーの登場や、企業の新たな経営戦略、規制緩和、大国の経済政策、さらには複雑な国際情勢や社会問題など、その要素を挙げればキリがありません。

ところがテクニカル分析は、過去の価格変動しか材料にできない。つまり、未来を織り込むことも、新しいトレンドの兆しをつかむこともできないのです。

さらに、仮にテクニカル分析が「誰でも使える確実な攻略法」だったら、どうなるでしょうか。この世の中に、そんなおいしい話を放っておく投資家はいません。投資家たちが大挙し、我先にとその手法を真似するでしょう。そして、株価はその投資家たちの行動を反映したものになります。

これは「穴場レストラン」の評判がSNSやテレビで拡散されてしまうようなもの。情報が拡散されることにより多くの人でごった返し、行列必至の店になってしまいます。結局、「穴場」だったからこそ得ることのできた価値は、瞬く間に失われてしまうのです。

同じようにテクニカル分析も、真似する投資家が続出すればその優位性はあっという間に消え去ってしまう。ようするにテクニカル分析とは、上手くいけばいくほど、効果がなくなるという矛盾を抱えているのです。

私からすれば、テクニカル分析はほとんど「占い」のようなものです。投資の世界は常に不確実性と隣り合わせであり、リスクとリターンは表裏一体。自分の大切な資産が暴落するかもしれないという不安や、絶対に損をしたくない気持ちは私も投資家のひとりとして痛いほどわかります。

でも、過去の数字だけに頼って「確実なサイン」を見出そうとする行為は、少し乱暴な気がします。理系的な視点で言えば「統計学を装った占い」にすがることに等しいのです。

ファンダメンタルズ分析の限界

テクニカル分析と並ぶ伝統的な手法として「ファンダメンタルズ分析」があります。

これは、財務諸表や業績など目に見える数字や実績データにもとづいて企業価値を判断する方法です。多くの専門家やアナリストが、この分析を基礎として適正な株価を探ろうとしています。

しかし、ファンダメンタルズ分析で将来の株価を精度高く見通すことは、想像以上に困難です。**この手法もあくまで「現在わかっている数字」に頼るため、社会を一変するような革新的なイノベーションや、企業やCEOが掲げるビジョンを評価しづらいという構造的な弱点を抱えています。**

例えば、私がTeslaへ本格的に投資をはじめたところ、同社はまだ赤字経営で、不安定な財務状況が続いていました。結局、Teslaが赤字から脱出できたのは2020年のことで、それまで2003年の創業からずっと赤字が続いていたのです。

TeslaのCEOであるイーロン・マスク氏はビッグマウスで知られています。それは赤字経営のときから変わらず、業績とは裏腹に大胆なビジョンを語っていました。

2014年には「2020年までに50万台のEV販売を見込んでいる」、2017年には「モデル3の生産を週5000台に増やす」と公言しています。いずれも、当時のTeslaが置かれた状況からは壮大すぎるビジョン。いわゆる「大風呂敷を広げた状態」だったのです。

イーロン・マスクの発言を耳にした当時のアナリストたちは一様に困惑し、頭を抱えました。従来のファンダメンタルズ分析の枠組みでは、その大胆すぎるビジョンを具体的な数字や予測に落とし込む術を見出せなかったのです。結局、イーロン・マスクの描く壮大な未来図は机上の空論と見なされ、分析の対象外として隅へと追いやられてしまいました。

しかしその後、Tesla の株価が急上昇していくことはご存じのとおりです。ファンダメンタルズ分析では Tesla のような企業の将来性を正しく評価できなかったのです。

例えば、イーロン・マスクのような経営者が「ＥＶが爆発的に普及する」、あるいはNVIDIAのＣＥＯジェンスン・ファアン氏が「ＡＩ向けＧＰＵ（半導体チップ）の需要が急増する」と大きなビジョンを語っても、アナリストは「では、そうなった場合の売上をどう予測すればいい？」と立ち止まらざるを得ません。

数値モデルに落とし込めない要素は、ファンダメンタルズ分析のプロセスから外さざる

を得ないのです。その結果、ビジョンや将来性が株価に反映されにくくなるのです。

一方、私を含む一部の投資家は、実際にTeslaのクルマを購入し、その圧倒的なユーザー体験を通じて「このクルマは本当に世界を変えるかもしれない」「イーロン・マスクなら自動車業界の勢力図を塗り替えられる」と肌で感じました。数値では測れない将来性や、企業が大化けする可能性、そして「彼なら有言実行するかもしれない」という確信めいた期待感を持ちました。

ところが、当時、プロのアナリストたちはまだTeslaが持つ爆発的な潜在力に気づいておらず株価にも十分織り込まれていませんでした。そのおかげで私は、割安な価格でTesla株を取得することができたのです。

その後、Teslaは業績もブランド価値も加速度的に伸び、株価は急騰しました。私は、まさにその高騰のタイミングで保有しており、その恩恵をしっかり受けることができたわけです。

ファンダメンタルズ分析は、あくまで「現時点で得られる数字」に基づいて企業価値を判断する手法です。現状を正確に読み取るには役立ちますが、これから未来を切り拓くようなイノベーションや、いまはまだ想像もつかない大きなビジョン、そして社会を根底から変えるメタトレンドを、それがまだ黎明期《れいめいき》にあるうちに見抜くことは苦手です。

特に「次のNVIDIA」や「第2のTesla」、つまり今後大化けしていく銘柄を見つける場合、ファンダメンタルズ分析では不十分なのです。

「プロ中のプロ」でも短期予測は困難

ここまでテクニカル分析やファンダメンタルズ分析についてお話ししてきましたが、今度は「プロの限界」に目を向けてみます。

株価分析のプロであるアナリストたちは、経済指標や企業の決算内容、業界動向など、考え得るかぎりのデータをくまなくチェックしています。膨大《ぼうだい》な情報を高価な解析ツールで分析し、24時間体制で市場を監視する専門チームを抱えていることも珍しくありません。

つまり「データをどれだけ集め、どれだけ深く分析するか」という点で、プロは個人投資家の何倍、何十倍もの労力と知識を投入しているのです。

「アクティブファンド」と呼ばれる投資信託は、そのような専門家チームが総力を挙げて運用しています。

アクティブファンドの目的は、日経平均株価やS&P500といった市場平均を表す指標を上回るリターンを上げること。個別銘柄の選定や売買のタイミング調整を積極的に行い、市場平均超えを目指して日夜奮闘しています。

ところが、現実は無情なほどに厳しいものです。長期的に見ると、多くのアクティブファンドは、市場の平均と連動するインデックスファンドのパフォーマンスに劣る、という不都合な事実があるのです。

そのため、投資家界隈では「高い手数料を払ってアクティブファンドに投資するくらいなら、黙って手数料の安いインデックスファンドに投資したほうがいい」という声すら根強いのです。

要するに、資金も情報も潤沢に使えるプロ集団でさえ、市場平均を安定的に上回り続けることはきわめて困難なのです。

これを踏まえると、限られた時間や資金、情報しかない個人投資家が、短期的な株価変動を正確に予測し続けようとすることに、どれほどの意味があるのでしょうか。

プロ中のプロが束になって挑んでも、短期予測は難しいのです。その領域で個人投資家が勝ち続けるのは、ほぼ不可能に近いと言えるでしょう。

こうした状況を考えれば、短期的な株価の動きを追いかけるよりも、もっと巨大な時代のうねり、つまりメタトレンドに目を向ける必要があることがご理解いただけるでしょう。

「メタトレンド」を早期にとらえよう

テクニカル分析やファンダメンタルズ分析、さらには世界中の一流アナリストや投資フアンドが総力を挙げても、短期的な価格の動きを正確に予測し続けることは事実上、不可能です。

私はまず「短期的な株価は誰にも読めない」という事実を受け入れることが、メタトレンド投資をはじめるうえでの重要な出発点だと考えています。

ここでいう「短期的」とは、数日から数か月程度のスパンを指します。では、もう少し長い時間軸で世の中の変化や動きを俯瞰《ふかん》する「マクロ」なトレンドであれば、多少なりとも読みやすくなるのでしょうか。

マクロトレンドとは、世界経済全体や特定の地域経済に広く影響する、大きな潮流を意味します。例えば、好景気と不景気が交互に訪れる景気サイクル、インフレ率の上昇や下落、中央銀行による利上げや利下げ、為替レートの変動、さらに戦争や地政学的リスクの高まりなどが挙げられます。これらは個々の企業の業績などの「マイクロ」なトレンドとは対極にある存在です。

しかし、このマクロトレンドですら、その先行きを正確に読み切ることはきわめて難しいのです。例えば、世界経済に大きな影響を与えるアメリカの金融政策は市場関係者の多くが注目し、「比較的予想しやすい」と思われる要因です。しかし実際には、その政策変更のタイミングや影響の大きさについて専門家の間でも意見が分かれ、よく誤算が生じます。2022年のアメリカの急激な利上げはその典型例です。この利上げは世界的な株価下落、急激なドル高円安を招き、多くの市場参加者の予測を裏切りました。

あまりに多くの要因が複雑に絡み合い、その結果が市場心理や株価、為替、経済活動にどう反映されるかを完璧に予測できる人はいないのです。

過去20年を振り返っても、2008年のリーマン・ショックや2020年のコロナ・ショックといった金融危機が世界を揺さぶりましたが、その発生のタイミングや規模を正確に言い当てたアナリストはいませんでした。

これは、大地震そのものがいつか必ず起こることは知識としてわかっていても、その発生時期や震源をピンポイントで予測できないことと似ています。将来、再び金融ショックや世界的不況が訪れることは間違いないとしても、それが「いつ」「どこで」「どれほど深刻で」、そして「回復までにどれだけ時間がかかるか」を確実に読むことは不可能なのです。

さらに、近年は専門家でさえ予測困難なマクロトレンドが立て続けに発生しています。例えば、２０１６年のアメリカ大統領選挙では、多くの世論調査や専門家の予想を覆し、ドナルド・トランプ氏が勝利しました。そして彼は２０２４年の大統領選挙でも再び勝利し、返り咲きました。

加えて、国連安全保障理事会の常任理事国であるロシアが、ウクライナへの軍事侵攻に踏み切ったことも、世界に大きな衝撃を与えました。中東情勢は大国間の対立と地域の紛争も相まって一層複雑化、泥沼化の様相を呈しています。

つまり、時間軸を広げた「マクロ」なトレンドであっても、正確な予想は本質的に不可能。「予測」による投資戦略は、短期的にも、そして中期的にも限界があるのです。

そこで注目したいのが「メタトレンド」という新たな視点です。メタトレンドとは、マクロトレンドよりさらに長期的な潮流です。10年、20年、あるいはそれ以上の時間をかけて社会・経済・技術基盤そのものを変えてしまうような巨大な時代のうねりを指します。

メタトレンドは「社会全体がどの方向へ向かうのか」を大局的にとらえるための概念です。このメタトレンドをなるべく早い段階で把握し、時代の大きなうねりに乗じて成長していく業界や企業を狙って投資する。この長期的かつ大局的な視点を活用する投資手法が、私が提案する「メタトレンド投資」です。

短期的な株価予想も、マクロな経済予測も当てにならないし、これまで以上に予測が困難な時代だからこそ、長期視点に立った「メタトレンド」が投資において強力な武器となるのです。

実例①「AIが来る」というメタトレンド

メタトレンドについての大まかな説明が終わったところで、実際のメタトレンドがどのように現れるか、その一例として「ＡＩブーム」の流れを取り上げてみましょう。

2022年12月、生成AI「ChatGPT」が発表され、空前のAIブームがはじまりました。そして、ChatGPTなどの生成AIには半導体メーカー・NVIDIA製のGPU（半導体チップ）が不可欠な存在であり、これがNVIDIAを一気に脚光を浴びる存在へと押し上げました。

2023年初頭以降、AIブームを受け、NVIDIAは株価・知名度ともに大幅に上昇していきます。いまやその時価総額は3兆6000億ドルを突破。世界の時価総額ランキングではAppleを抜いて1位に（どちらも2024年11月7日時点）。MicrosoftやAmazon、Tesla、Metaなど錚々たる巨大企業を追い抜く規模に成長しました。

このようなNVIDIAの躍進を見ると「もし10年前にNVIDIA株に投資していたら、いまごろ大儲けしていたのに」などと思う方もいるかもしれません。

ただ、それはあくまでも「if」の話。実際問題、当時からNVIDIAやAIのメタトレンドを正確に読んでいた人はほとんどいなかったでしょう。

ところが、今から13年前、2012年ごろにはAI研究の最前線にいた人たちの間では

「これからＡＩは確実に伸びる」という認識は当たり前になりつつありました。

２０１2年ごろのＡＩ業界では一体何が起きていたのでしょうか。

それまで数十年にわたり、「ニューラルネットワーク」と呼ばれる機械学習の手法は「使いものにならない」と考えられていました。いくら理論上はすばらしくても、計算リソースやデータ、アルゴリズムが未熟で、実社会で役立つレベルにまで達していなかったのです。

ところが、その常識を一変させた事件が起こります。

それが、トロント大学の研究チームによって開発された「AlexNet（アレックスネット）」と呼ばれるＡＩモデルの登場です。

AlexNetは「とにかく大量の画像を見せるだけ」で、自動で特徴を学びとり、高精度な画像分類を可能にしたのです。それまではといえば、人が「犬の耳」「鼻」などといった画像の特徴を事前に細かく定義しなければならなかったので、これは大きな進展です。

そして、AlexNetは、画像認識分野で世界的に有名なコンペティション「ILSVRC」において、他のモデルを寄せ付けないほど圧倒的な性能を示しました。

この出来事はＡＩの歴史的な転換点になりました。AlexNet の成功によって、ニューラルネットワークが「理論上だけでなく実際に役に立つ」ことが証明されたからです。

そして「AIはついに本当に使えるものになった」「これからはAIが本格的にビジネスや産業に応用できる時代が来る」という確信が、世界中のAI研究者たちの間で一気に広がりました。

この AlexNet の歴史的な快挙を支えていたのが、NVIDIA の半導体だったのです。ニューラルネットワークをうまく動かすには、膨大な計算資源が必要です。以前は Intel 製のＣＰＵ（中央処理装置）を使い、人間が一行一行コードを書き込むようなやり方でしたが、それではどう考えても非効率的。このやり方では膨大な処理を短時間でこなすことは困難です。

そこで注目されたのが、もともとゲーム用グラフィックス処理向けだったNVIDIA製ＧＰＵです。ＧＰＵには画像処理をはじめとして、大量の演算処理を並列でこなす能力があり、これがディープラーニングと抜群に相性が良かったのです。AlexNet はＧＰＵを活用することで、従来は不可能だった精度向上を達成しました。

ここまで読むと「そんな専門的な話、一般人には知る由もない」と思われるかもしれません。

たしかにそのとおりです。そもそも「ILSVRC」というコンペティション自体、研究者や技術者など、限られたコミュニティで語られるマニアックな存在。一般の投資家が耳にする機会はほとんどありませんでした。

実を言いますと、私自身も2012年当時、「これからAIは確実に伸びる」というメタトレンドにはまだ気づいていませんでした。

AI分野に関心が強かった私ですら、当時はAIの将来性やNVIDIAの潜在的な価値を、今ほど明確に理解していなかったのです。

とうぜん、その時点で私がNVIDIA株を買えたわけではありません。結局、私がNVIDIAの株を初めて購入したのは2014年ごろ、AlexNetが歴史的快挙を成し遂げてから約2年が経過したあとのことになります。

実例② NVIDIAのメタトレンド

先ほどご紹介した「AlexNet」誕生がＡＩの歴史を塗り替えた出来事は、一般の方にとって縁遠いものでした。テクノロジー好きな私でさえ、その瞬間には気づかず、アンテナに引っかからなかったほどです。

さらに当時は「ＡＩブームの主役はNVIDIA」という図式も明確になっていませんでした。なぜなら、ＧＰＵメーカーはNVIDIA以外にもIntelやAMDが存在していたからです。加えて、ＡＩ自体が発展途上だったこともあり「NVIDIAが独り勝ちするのか、それとも別のメーカーが主役になるのか」は、まだ不透明でした。

私が「AlexNetがＡＩの歴史を変えた、しかもその圧倒的な性能にはNVIDIAのＧＰＵが欠かせなかった」という情報を耳にしたのは、２０１３年から２０１４年ごろでした。

さすがにそのころになると、ＡＩ業界を超えてテック業界全体でも「ＡＩはどうやら確実に伸びるらしい」という噂は広まっていました。そして、私がＡＩの歴史を塗り替えた

AlexNetにNVIDIAの半導体が使われると知り、「もしAIが本当に来るなら、NVIDIAが今後大きく伸びるかもしれない」と直感的に感じはじめたのはそのころです。私はこのタイミングでNVIDIAの株を購入しました。

その後、NVIDIAは2016年ごろからAIを支えるプラットフォーム企業としての立場をあらためて打ち出しました。

2017年、今度はGoogleが「Transformer」というモデルを開発し、のちのChatGPTなど生成AI技術の礎《いしずえ》を築きます。これにより「AIが当たり前になる日が近い」というムードはさらに強まりました。

2018年には、NVIDIAが「HGX-2」という製品を発表するとともに、「この業界に強力で多用途なコンピューティングプラットフォームを提供する」と明言。**NVIDIAがAI時代に向けて本気度のギアを上げた瞬間であり、この発表を見た私はNVIDIAに対する確信をさらに深め、株式を買い増しました。**

この2018年ごろには、NVIDIAがAIで躍進するという情報は世界中で報じられ、もはや業界外の人でも「AI時代が来る!」というメタトレンドは肌で感じられる状況になっていきます。

私がNVIDIA株で得たパフォーマンスを見て「すごい先見性だ」と驚かれることもありますが、特別な予知能力があったわけではありません。

10年前から「AI時代が来る! その主役はNVIDIAだ!」と完璧に言い当てるのはほとんど不可能だったでしょう。しかし、今から6~7年前には「AIはこれから確実に伸びる」というメタトレンドをつかむことは難しくなかったのです。

そして私がNVIDIAへの投資を決めたり、買い増したのは、業界動向やCEOの発言といった「公開されているものの、多くの人が見過ごしがちな情報」を丁寧に拾った結果にすぎません。

メタトレンド投資は、このようなアプローチを重ねることで「気づいたらメタトレンドに乗っていた」という状況を生み出します。目先のニュースや短期的な株価変動ではなく、じわじわと時代の流れが変わっていく大きなトレンドに注目したからこそ、私のNVIDIAへの投資はうまくハマったのです。

実例③　スマホのメタトレンド

ＡＩやＧＰＵといった、ややマニアックな例が続いたので、ここでは私たちの日常に深く関わったメタトレンドの例を挙げてみましょう。それが「スマートフォン」の普及です。

２００７年1月、初代iPhoneが発表された日、私は実際にサンフランシスコの会場でスティーブ・ジョブズによるプレゼンを見て、「Appleがとんでもないデバイスを作った！」と興奮し、「これは世界を変える！」と確信しました。

当時は「メタトレンド」という言葉を使っていませんでしたが、「これは逆らえない大きな流れだ」「この波に乗らない手はない」と、iPhoneがこの先のビジネスモデルや日常生活を一変させる可能性を感じ取っていたのです。

もっとも、ガラケー（フィーチャーフォン）文化に慣れ親しんだ日本人にとって、iPhone

登場時のインパクトは大きくなかったかもしれません。「絵文字が使えない」「画面をタッチ操作するなんて使いづらそう」など、むしろiPhoneを奇妙な存在だと思った方も少なくないでしょう。

それでも私は、そのときすでに「iPhoneが世界を変える」と直感していました。そして、これは特別な先見性ではありません。業界の潮流を知っていれば、ごく自然に感じ取れることだったのです。

その背景には日米間の文化的な違いがありました。当時、日本ではNTTドコモのｉモードをはじめとして、携帯電話を使ってインターネットにアクセスする生活が当たり前になっていました。日本人にとっては当たり前かもしれませんが、NTTドコモがｉモードによってはじめた「携帯電話を使ってインターネットにアクセスできること」は、途轍もない偉業です。モバイルインターネット革命と言ってもいいでしょう。

一方でアメリカは、まだそのステージに達していなかったのです。私は日米を行き来し、この違いを肌で感じていました。

そこに登場したiPhoneは「日本で起きているモバイルインターネット革命がアメリカにも来る」と私に確信させました。**iPhoneが爆発的に普及すれば、「携帯電話で当たり前にインターネットを使う」というライフスタイルが世界中に広がるはずだと考えたのです。**

しかも、iPhoneはガラケーとは比べものにならないほど優れたユーザー体験（UI／UX）と完成度を誇り、「これはガラケーでは太刀打ちできない」「スマホ時代が本格的に到来する」と衝撃を受けたほどでした。

iPodシリーズがヒットしていたとはいえ、当時のAppleといえば一部のクリエイターやマニア向けの「特殊なパソコンの会社」です。

私がiPhoneを見て感じ取った興奮と確信とは裏腹に、iPhone発表時のApple株価は目立った変化がなく、3ドル程度を上下するだけでした。「これほどのインパクトがまだ株価に反映されていない」と判断した私は、すぐにAppleの株を購入しました。

その後はご存じのとおり、iPhoneはみずからメタトレンドを牽引《けんいん》し、人々の生活やビジネスを劇的に変えていくことになります。かつてガラケーを愛用し、初期のiPhoneを懐疑的に見ていた人たちも、気づけばスマホが仕事や生活に欠かせない存在となっています。

現在、Appleの株価は245ドルを記録し（2025年1月7日現在）、当時と比べものにならないほど時価総額を高めています。

NVIDIAやAIのメタトレンドの事例は、当初、ごく限られた専門家コミュニティ内で話題となるマニアックな情報でした。しかし、iPhoneの新製品発表会は一般のユーザーでもチェックでき、ショップに行けば実際に手にすることができました。

つまり、メタトレンドは必ずしも専門家だけの特権ではなく、意外と身近なところにも転がっているのです。

こうした大きな流れが訪れたとき、どの企業が伸びるのか、どの業界が跳ねるのかを察知できるかが、メタトレンド投資の鍵になります。

iPhoneをめぐるスマホメタトレンドが象徴するように、身近な製品やサービスの「あり方」が大きく変わる瞬間を見逃さないことが、将来の大きなリターンへとつながっていくのです。

「メタトレンド投資」と「短期投資」の相性は悪い

メタトレンドは10年、あるいは20年という長いスパンで、ゆっくりと産業構造や人々のライフスタイルを塗り替えていく大きな流れです。

iPhoneが初めて登場したのは２００７年のことでした。そこからiPhoneをはじめとするスマートフォンが我々の日常に溶け込み、そして誰もが当たり前に使う存在になるまでには10年以上の年月がかかりました。この事実から見ても、ガラケーからスマホのように、ライフスタイルを一気に変えてしまうようなメタトレンドは、10年単位の時間を要するのです。

それでもスマホの普及スピードは比較的速い部類に入ります。なぜなら、携帯電話は大体3年ほどで買い替える人が多く、他の耐久財よりも更新サイクルが短いからです。

これと比べると、ＥＶや自動運転などのメタトレンドには、さらに長い時間がかかるでしょう。「ＥＶの時代」「ＥＶシフト」という言葉が広く知られるようになって久しいにもかかわらず、ガソリン車やハイブリッド車を主力とするトヨタ自動車は今なお世界最高水準の売上を維持しています。

Tesla や BYD といったＥＶメーカーが業績や株価を伸ばしている一方、なぜトヨタが依然として強いのか。その理由のひとつは、自動車の買い替えサイクルが一般的に5～10年と長く、ＥＶや自動運転が社会に根付くまでにスマホ以上の長い時間が必要だからです。

こうした特徴から、メタトレンド投資には「10年単位で腰を据える」という長期的な姿勢が求められます。

「1年以内に利益を出したい」といった短期志向で、目先の利益を追う投資スタイルとは、残念ながら相性がよくありません。

たとえば「空売り」という投資手法があります。これは「株価が下がることに賭ける」

投資方法です。まず証券会社から株を借りて売却し、値下がり後に買い戻す。最初に高く売って、あとで安く買い戻した差額が利益となるわけです。

もし「これからはEVが未来を制する」というメタトレンドに乗ろうとし、「EV開発に本腰を入れていないトヨタはもう終わりだ」と思って短期的に空売りを仕掛けた場合どうなるでしょうか。

現時点ではガソリン車やハイブリッド車にまだ十分な需要がありますし、この需要は向こう数年単位で維持し続けるでしょう。つまり、トヨタの株価はすぐには下がらず、空売りは裏目に出てしまう可能性が高いのです。

長期的な視点で見れば、TeslaなどのEVメーカーが勢力を拡大し、いつかはトヨタを世界王者の座から引きずり下ろす未来が訪れるかもしれません。しかし、それは10年、20年先の話であり、短期間で実現すると期待し、行動に移すのはリスクが大きすぎます。

メタトレンドを理解していても、短期的な利益を追う戦略は危険だということです。

世界ナンバー1のEVメーカーであり、EV分野で現時点の代表選手であるTeslaですが、長期的には株価が大きく上昇しているものの、ここ3年ほどは株価が大きく上下しています。

そのまま保有し続ければメタトレンドに乗り、株価が上がっていく可能性は高いでしょうが、すぐに売ってしまうと思わぬ高値つかみや損失を招くかもしれません。やはり、メタトレンド投資で短期的な判断をすると裏目に出てしまう可能性が高いのです。

要するに、メタトレンド投資と短期投資は水と油の関係にあります。メタトレンドは長期的な視野でこそ、その真価を発揮します。短期間で確実な利益を求める考え方とは、根本的に合わないのです。

メタトレンド投資は「出遅れ組」にも優しい

メタトレンド投資には大きな強みがあります。

それは「少し出遅れてもまったく問題ない」という点です。**あるメタトレンドが広く認**

知され、多くの人々が「これは来る」と思いはじめた段階で投資をはじめても、決して遅すぎることはありません。

NVIDIAを例に挙げましょう。２０１２年ごろの段階で「ＧＰＵがＡＩ時代の主役になり、NVIDIAがその中心に立つ」と確信し、NVIDIAに自信を持って投資するのはＡＩ研究者であっても困難だったはずです。

テクノロジー業界には目を光らせている私でも、その時点でＡＩのメタトレンドを把握したり、NVIDIAへの投資判断を下すことはできませんでした。

しかし、２０１８年になると状況は大きく変わります。NVIDIAのＣＥＯがＡＩに本気で取り組むことを明らかにし、株価が徐々に上昇しはじめました。かつてＡＩがチェスの世界王者を打ち負かす出来事が話題になったこともあり、このころには「ＡＩが本格的な力を持ちはじめた」という雰囲気がテクノロジー業界以外でも感じられるようになっていました。

テクノロジーのトレンドに敏感な方であれば、そこでNVIDIAの存在感やポテンシャルに気づくことができたはずです。

「2018年の段階ではもう出遅れているのでは」と思う方もいるかもしれませんが、その時点でもNVIDIAの成長はまだ序章にすぎなかったのです。現在の株価は約130ドル～150ドルを行き来していますが、2018年末のNVIDIA株価はわずか3・34ドルほどでした。**つまり、「AI時代が来る!」というメタトレンドを肌で感じられるようになった2018年から投資をはじめていても、その後の大きな上昇余地が十分残されていたのです。**

さらに2022年末にはChatGPTが登場し、AIブームは誰の目にも明白なものになりました。メディアも一斉に「AI時代が到来」と報じ、AIにさほど関心がなかった人ですら、その衝撃を感じられるようになりました。

「さすがにこの段階での投資は遅い」と思うかもしれませんが、実際にはそうではありません。2022年末のNVIDIA株価は約14・61ドルであり、このタイミングから投資をはじめてもその後、株価が約10倍近くも上昇することになるからです。

つまり「ChatGPTがすごい」と世間やメディアで騒がれた段階、もっと言えば一見ブームに少し乗り遅れたと思われるようなころから投資をはじめても、十分すぎる恩恵を受けることができました。

なぜこのようなことが起きるのでしょうか。メタトレンドは、一夜にして世界を塗り替えるわけではなく、徐々に火がつき、勢いを増し、最終的には社会や産業構造を根底から変えていく長期的な現象だからです。

NVIDIAの場合、2012年、2018年、2022年と何度か「気づくチャンス」がありました。2012年に気づいて投資していれば理想的ですが、それが難しければ2018年、さらに出遅れたとしても2022年から投資をはじめるという選択肢があったのです。

結局、メタトレンドは長い時間をかけて顕在化します。

なるべく早い段階で参入できればもちろん良いですが、ある程度はっきりとトレンドが見え、多くの人が「これは間違いない」と感じはじめてから参入しても、成長の余地はまだ残されています。スロースターターや出遅れ組でも間に合う。これがメタトレンド投資の優れた点なのです。

こうした点を踏まえると、なるべくリスクを抑えたい人は、メタトレンドが一般人でも体感でき、「もう間違いない」と思える時期まで待ってから投資をはじめることもひとつの戦略となるでしょう。

メタトレンド投資の弱点

あえてメタトレンド投資の弱点を挙げるなら「個別銘柄を正確に見極めるのが難しい」という点です。

いくらメタトレンドという大きな流れをとらえていても「具体的にどの企業が業績を伸ばし、株価を上げるのか」をピタリと当てるのは簡単なことではありません。

例えば、ＥＶは今後間違いなく進んでいくメタトレンドのひとつです。ガソリン車からＥＶへとシフトしていく動きは、徐々にですが世界各国の環境政策や消費者意識の変化によって後押しされています。

ただし、ＥＶが確実に訪れるメタトレンドだとわかっていても、具体的な勝ち組をピタリと当てるのは別の問題です。これから先もTeslaが業界のトップを走り続けるのか。それともRivian（リヴィアン）、Lucid（ルーシッド）といった新興ＥＶメーカーが台頭するのか。あるいは中国発のBYDがTeslaを追い抜いてしまうのか。どの企業がＥＶというメタトレンドの主役になるか、２０２５年現在においても、その答えをはっきりと示すことはできません。

とはいえ、この弱点はメタトレンド投資の「業界全体が押し上げられる」という強みによって、ある程度カバーできます。

メタトレンドは長期的なうねりを起こすため、特定の１社ではなく、業界全体を底上げします。**そのため、仮に「一番の本命銘柄」を逃してしまったとしても、同じ業界内の別の銘柄に投資していれば、十分なリターンを得るチャンスが残されています。**

例えば、ＥＶというメタトレンドを早い段階でつかみ、Teslaではなく、BYDに投資していた人がいたとします。BYDもＥＶというメタトレンドによって株価はこの5年で約46香港ドルから約３００香港ドル台まで6倍以上に急騰。Teslaほどの爆発的な値上がりではなくとも、わずか5年で資産を6倍以上に増やすことができたのです。

同じことは半導体業界でも言えます。もしNVIDIAを買いそびれたとしても、同じ半導体分野でＧＰＵやＣＰＵを製造するAMDに投資していたなら約5倍上昇しています。

こうした業界全体が伸びることで、個別銘柄選びで多少の見込み違いがあっても、損失を回避しやすくなります。それどころか、たとえ本命の銘柄を外してしまっても、次点やその他の有望企業を選ぶことができれば、十分大きなリターンを得ることができたのです。

これがメタトレンド投資が誇り、そして他の投資手法にはない「安定感」と「余裕」です。

もっとも、「メタトレンド投資なら、絶対に損をしない」などという甘い話ではありません。企業の最低限の「見極め」は必要不可欠です。たとえ「AIの時代が到来し、GPUがその鍵を握る」というメタトレンドを正しくとらえていたとしても、どの半導体メーカーに投資しても大きなリターンを得られたわけではありません。

2014年当時、半導体業界の巨人であったIntelは、CPU市場では圧倒的な存在感を示していましたが、AI向けGPU市場への本格参入に出遅れました。結果論ではありますが、もし私がNVIDIAではなくIntelに投資し、現在まで保有していたら株価は下落し、損失を被《こうむ》っていたことになります。

このように、メタトレンド投資は「大局をつかむ」だけでは不十分で、そのうえで「どの企業がメタトレンドに上手く乗り、そして業績を伸ばしていくか」を見極める必要があります。

次の章から、どのように個別企業を選ぶのか、何を基準に分析し、どう判断するべきなのかといった、より踏み込んだアプローチをご紹介します。

第2章

「メタトレンド投資」実践のイロハ

いきなりフルベットは厳禁

ここからは、私がメタトレンド投資を実践する際にどのようなステップを踏んでいるのか、もう少し掘り下げてお伝えします。

「将来10倍、100倍の成長が見込める企業に巡り合ったら、一気に大金を投じたい」と思う人は多いでしょう。しかし私は、最初から全力で投資することはありません。初期段階では、まず少額の投資で「唾を付けておく」程度にとどめています。

その際、「資産の○%」といった厳密な基準は設けていませんが、「最悪ゼロになっても大丈夫」と思える程度の金額で、株を買うようにしています。いわば「唾を付けておく」程度です。

株式投資をすでに勉強しはじめ、モチベーションが高まっている方にとっては「こんな少額では物足りない」と感じるかもしれません。

しかし、メタトレンド投資は10年、20年という長期的な視点で「将来、大きく跳ね上がる可能性のある企業」に投資をするスタイルです。

初期の段階で急成長を遂げる企業ももちろんありますが、赤字経営だったり市場シェアがものすごく小さかったりと、今後の将来性が不透明な場合が多くあります。ハイリスク・ハイリターンの特性を持つ企業が多く、あっけなく倒産してしまう可能性もあります。そんな会社にいきなり大金を投じ、それが外れてしまったら……考えただけでゾッとします。

そもそも、この段階で焦る必要は一切ありません。**今後、メタトレンドという大きな時代のうねりに乗って飛躍的に成長していくわけですから、少額の投資からはじめても大化けするチャンスは十分にあります。**

加えて、事業が少しずつ成長しはじめて「やはりこの企業は成長する」と確信を持てたタイミングで買い増しても遅くはないのです。

メタトレンド投資は長期的な視野で大きな成長を狙う手法だからこそ、焦ってフルベットする必要はありません。むしろ、最初は小さく投資して様子見してみる。

このステップを踏むことで、ハイリスク・ハイリターンの世界でも余裕を持ちながら、かつ大きなリターンを狙うことができるのです。

まずは「自分ごと」化する

メタトレンド投資をはじめる段階で大事なのは「投資金額の大小」ではありません。それよりも「どれだけ当事者意識を持てるか」が重要です。

株式投資はお金を増やす手段であるのと同時に、「社会の経済活動に参加するひとつの方法」でもあります。

たとえ少額でも株を持てば「自分も会社にかかわっている」という感覚が得られ、投資が一気におもしろくなるのです。**実際に、少額しか買わなかったとしても、「自分も株主になった」という事実だけで、その企業のニュースや活動を〝自分ごと〟としてとらえら**

れるようになります。

これまでは「へえ、そうなんだ」と流していたニュースが「新製品が出るみたいだけど、業績は上向くかな？」「CEOの発言がSNSで炎上しているけど、売上が落ちないだろうか？」といった具合に突然身近に感じられます。

さらに、投資する企業だけでなく、その業界全体や競合他社の動向までも気になるようになるでしょう。例えば、自動車メーカーに投資すれば、EVシフトの進展や自動運転技術のニュース、競合メーカーの新製品発表などが、すべて自分ごととして注目する対象になります。**そうして自然と情報のアンテナが広がっていくのです。**

ちなみに、実際に株を買わなくても、気になった企業の名前や株価をメモしておくだけでも、当事者意識はある程度高まります。もちろんそれは実際に投資している場合に比べれば弱いものです。しかしメモに残し、意識するだけでもアンテナの感度は確実に上がります。

私自身、まだ投資の決断ができなかったり、様子見したい場合、企業の名前や株価をメモしておきます。

そのように、まずは実際に少額投資した企業や、「いいかも」と思った企業の名前、株価などをメモして自分だけの「ウォッチリスト」を作成してみましょう。

このウォッチリストがあることで、企業の動向や株価が自分ごと化し、今後の投資判断が大いにはかどります。

薄く広くベットする

「次のNVIDIAはどこですか?」「第2のTeslaになりそうな企業を教えてください」

そういった質問をよく受けます。しかし、今後急成長していく企業をピンポイントで当てるのは不可能です。

では、なぜ私がNVIDIAやTesla、さらにはGAFAM(Google、Apple、Facebook※現Meta、Amazon、Microsoft)のような企業を早い段階で見つけ、投資することができたのでしょうか。

その裏には「メタトレンドに乗りそうな企業を複数押さえておく」というシンプルなアプローチがあります。例えば、10社や20社の企業に少額ずつ投資し、そのうちの1社でも5年後や10年後に10倍以上成長すれば「結果として次のNVIDIAを引き当てた」ということになるわけです。

このやり方にはいくつか重要なポイントがあります。**すでにお伝えしたように、いきなり大金を投じるのではなく、まずは少額投資で「唾を付ける」程度にしておくこと。**こうすると、急にその企業の動向が〝自分ごと〟になり、情報収集やニュースへの感度が高まります。

そして、ウォッチリストに加えた企業を半年から1年程度、様子見します。ある程度待ってみて、**そこで思ったほど業績が伸びない、あるいはどうもこの企業には確信が持てないと思えば潔く売ってしまいます。逆に「この会社はもっと伸びる」と感じたら買い増します。これを繰り返すことで、最終的に確信を持てた本命だけが手元に残ります。**

いわば「数撃ちゃ当たる」の発想ですが、私はこのやり方を続けてきました。これで10倍や100倍株を引き当てましたし、なにより多少のマイナスこそあれ、大損はしていません。

結果的に、いま「本命」として長期保有しているのはわずか7社ほどです。これらは熾《し》烈《れつ》なサバイバル競争を勝ち残ってきた〝エリート銘柄〟といえますし、この7社の足元には私が過去に手放してきた何十、何百もの株が横たわっているのです。

私の場合、興味関心の幅が人よりもかなり広いため、投資先の候補も多くなってしまいます。しかし、一般の方なら10社や20社で十分でしょう。そのうち1社が大化けすれば「次のNVIDIA」をつかんだも同然です。

メタトレンド投資はいきなり大金を投じて一か八かの勝負をするのではなく、まずは小さな関わり（ウォッチリストへの追加）から慎重かつ着実にはじめるのです。

そして、企業や業界について自分ごと化し、あらゆる情報源にアンテナを張る。その後、「これは伸びそうだ」という確信を得られたタイミングで買い増していくという段階的な手法を取ります。

ウォッチリストに入れ、「次のきっかけ」を待つ

ウォッチリストを作成（少額投資や、気になる企業の名前や株価をメモ）したら、あとは「次のきっかけ」を待ちます。第1章で取り上げたNVIDIAの例がわかりやすいので、あらためてNVIDIAの成長を時系列で振り返ってみましょう。

■2012年

- AIモデル「AlexNet（アレックスネット）」がコンペ「ILSVRC」で圧倒的な優勝を果たす。
- AI研究者たちの間で「AIは本当に使える技術になった」「今後、ビジネスや産業にAIが本格的に応用される時代が来る」という期待が一気に高まる。
- ただし、この段階では「AIブームの主役＝NVIDIA」という認識は、世間一般はもちろん、AI研究者たちの間にも私にもまだない。

■２０１４年

■「AlexNetがＡＩの歴史を変えた」「その高い性能を支えていたのがNVIDIA製ＧＰＵ（半導体チップ）だった」という情報がＡＩ業界以外でも噂されるようになる。

■私はそんな噂を聞きつけ、「もしＡＩが本当に来るなら、NVIDIAは大きく伸びるのかもしれない」と直感的に感じはじめる。

■私は直感に従い、このタイミングで「最悪ゼロになってもいい」程度の少額投資を行い、NVIDIAをウォッチリスト入りさせる。

■２０１５年

■NVIDIAのＣＥＯ、ジェンスン・フアン氏がＡＩやディープラーニングに本気で注力する姿勢を明確に示す。

■２０１７年

■Googleが「Transformer」というモデルを開発し、現在のChatGPTなどに連なる生成ＡＩ技術の基礎を築く。

■ＡＩ業界を超え、テクノロジー業界全体でも「ＡＩはこれから当たり前になる」というムードがさらに強まる。

■２０１８年

■NVIDIAが「この業界に強力で多用途なコンピューティングプラットフォームを提供する」と明言し、ＡＩへのシフトを加速。

■私はＣＥＯの本気度に確信を深め、一気に株を買い増す。

２０１２年当時、私はＡＩ業界の歴史的快挙（AlexNetの優勝）やNVIDIAの将来性を知らず、唾を付けることすらできませんでした。

しかし、２０１４年になるとＡＩ界隈の噂やNVIDIAのポテンシャルが耳に入り、「気になる企業だな」と直感し、「最悪ゼロになってもいい」程度の小額投資を行い、NVIDIAをウォッチリスト入りへ。ウォッチリスト入りしたことで、NVIDIAが自分ごとになり、私はさらにニュースや動向を自然と追うようになりました。

ここまでが「唾を付ける」「ウォッチリストに加える」ステップです。

そして2018年、ついに「次のきっかけ」が訪れました。NVIDIAのCEOがAIプラットフォームに注力する姿勢を一段と明確に打ち出し、私は「NVIDIAは本当にAIの時代を見据えている」と確信。**その瞬間、NVIDIA株を大きく買い増すことを決断しました。**

もしもこのときフアン氏が「VR用ヘッドマウントディスプレイ向けの半導体製造にフルコミットする」などと私の考えと大きくズレる方針を示していたら、NVIDIA株は売り払っていたでしょう。

このようにメタトレンド投資においては、「次のきっかけ」を見極め、適切な行動を取ることが成功への鍵となります。

この「次のきっかけ」の代表例はNVIDIAのケースのように、企業のCEOが将来の成長に向けた新たな方針を力強く打ち出すことが挙げられます。それ以外にも決算発表や長年赤字だった企業の黒字転換、あるいは停滞していた売上が急激に伸びはじめるといったことも「次のきっかけ」になり得ます。

そうした出来事があったときに「このまま保有するか、買い増すか、売却するか」を判断するわけです。

ウォッチリストは「メタトレンド投資で大きく跳ねそうな企業を見守り、買い増しや売却を判断するためのツール」です。焦って大金を投じるのではなく、小さくスタートし、自分ごととして情報収集を強化しつつ、きっかけが訪れたら一気に動く。そのためにもウォッチリストを活用し、「次のきっかけ」を逃さないようにしましょう。

先行者利益を追わない

ウォッチリストに追加し、次のきっかけを待つ。メタトレンド投資では、このステップをこまめに繰り返していくのが基本です。

私はARやVRがいずれ大きなメタトレンドになるだろうと考えています。ですが、現時点ではまだ決定的な兆候は見えていません。さらに、現在の主要なプレイヤーはAppleやMetaといった巨大IT企業。すでに大きな時価総額であり、彼らの株価がここから10

倍や100倍に伸びるとは考えにくいのも事実です。

また、ARやVR領域で最終的に勝つ企業がAppleやMetaだとも言い切れません。意外なベンチャー企業が割って入り、IT業界の巨人たちを華麗に追い抜くシナリオも十分あり得ます。**こうした状況では簡単に「この会社だ！」とピンポイントでは決めきれないため、まずは有望そうな企業をウォッチリストに入れ、見守るのが得策です。**

私のウォッチリストには、Snap（スナップ）が名を連ねています。Snapは、投稿が一定時間で消えるSNS「Snapchat」で一躍有名になった企業です。

そのSnapが現在、開発に注力しているのがARグラスです。2021年には開発者向けのモデル「Spectacles（スペクタクルズ）」もリリースし、AR分野への本格参入を表明しています。

ARの分野ではAppleやMetaといった、誰もが知る巨大IT企業が莫大な資金と技術力を投じて熾烈な開発競争を繰り広げています。

一見すると、Snapのような新興企業が太刀打ちできる相手ではないように思えるかもしれません。しかし、あえてその厳しい市場に果敢に挑戦し、独自のポジションを築こうとしているSnapの姿勢に私は大いに注目し、可能性を感じました。だからこそ、私のアンテナに引っかかり、ウォッチリスト入りを果たしたのです。

ただし私は、Snapの株はまだ買っていません。Snapの本業であるSnapchatはInstagramやTikTokに圧倒され、復活の兆しはありません。さらにSnapの株価もピークだった2021年9月の83ドルから大幅に下落し、現在は10ドル台前半を推移。さらに赤字経営も続いています。

私自身、Snapchatを普段使っているわけではありませんから、NVIDIAやTeslaほどの確信を持てているわけでもない。2024年9月には第5世代になる「Spectacles」を発表しました。解像度やバッテリー寿命などが改善しましたが、まだAR業界のゲームチェンジャーになるには程遠いスペックです。まだまだ「この会社は伸びる！」とは感じさせてもらえません。したがって現時点では投資せず、依然としてメモを取るという形でウォッチリストに加え、その動向を見守っています。

今後、「SnapのARグラスが想定外に売れている」「Metaの同製品よりも注目を集めている」「Snapが搭載したAIチャットがすばらしい！」といったニュースが飛び込んできたら、その時点でARグラスを購入し、投資を検討するかもしれません。

テクノロジー業界と聞くと、多くの人が「変化が激しく、先行者利益を得るためには、一刻も早く飛びつかないと乗り遅れてしまう」というイメージを抱きがちです。たしかにそういった側面があることも事実です。

しかし、メタトレンド投資の視点に立てば、必ずしも焦る必要はなく、むしろ冷静に長期的な視点を持つことが合理的です。なぜなら、メタトレンドとは10年、20年、場合によってはそれ以上続く、非常に長いスパンでの潮流だからです。

したがって短期的な値動きに一喜一憂するのではなく、長期保有を前提に腰を据えて「次のきっかけ」を待つほうが、大きなリターンにつながる場合が多いのです。

とりわけARやVRといった分野は、技術的な成熟や市場への普及に、まだ時間がかかると見られています。だからこそ、今すぐに飛びつかなくとも十分にチャンスはあるのです。

大金を一気に投じて失敗するリスクを冒《おか》すよりも、まずはウォッチリストを活用して、丁寧に情報を集め、自分なりの「確信」が得られるタイミングが訪れるのを待つ。

そしてそのときが来たら、満を持して本格的に投資を実行する。これこそが私が考えるメタトレンド投資のスタイルなのです。

一気に追加投資するタイミング

ウォッチリストを活用して企業や業界の動向にアンテナを張りながら、CEOの発言や赤字の脱却といった「次のきっかけ」を気長に待つ。

そして「この企業は、いよいよ本格的に伸びるぞ」など自分なりの確信を得られたら、私は一気に投資額を増やします。つまり「買い増し」を行います。

例えば、NVIDIAは2014年に少し買い、AI分野への本格的な注力と成長性を確信した2018年に大幅に買い増ししたのはすでにお伝えしたとおりです。

またNetflixの場合は、妻がNetflixのドラマにハマっていたことがきっかけで2013

年に少し投資をしました。しばらく様子見を続けていると、2016年に、Netflixがオンラインストリーミングサービスを新たに世界130以上の国で展開すると発表しました。これを受け、私は「Netflixはアメリカの一企業から、真のグローバルエンターテインメント企業へと飛躍する」と確信し、大幅な買い増しに踏み切ったのです。

このように自分なりに「今後、間違いなく成長していく」という確信を得られた段階で、一気に投資額を追加するのが私の必勝パターンです。

しかし、確信したからといって、投資の資金をフルベットしているわけではありません。実はこの段階でも、数百万円程度にとどめることが多いです。

こんな話をすると「ずいぶんと慎重で、地味なやり方だな」と思われるかもしれません。しかし、メタトレンド投資では10年、20年かけて株価が10倍や100倍に成長していった企業が少なくありません。

確信を得た段階での追加投資がそこまで大きな金額ではなくても、最終的に大きなリターンを得やすくなる。これこそが堅実で、それでいて大きな夢も描ける、メタトレンド投資の魅力だと考えています。

メタトレンド投資は「旅」である

メタトレンド投資は、常に新たな可能性を探り続ける「終わりのない旅」のようなものだと考えています。

ＡＩというメタトレンドのなかでは現在、NVIDIAが圧倒的な存在感を放っています。しかし、彼らがいつまでも独占的な立場を維持できるとはかぎりません。

特にＡＩは「要素技術」と呼ばれるとおり、自動運転やロボット、防犯カメラなど、幅広い分野に応用されます。そしてそのＡＩと密接に関連し、これから確実に到来するメタトレンドとして、ヒューマノイド、いわゆる人間型ロボットの存在が挙げられます。

ＡＩが主に知識労働のあり方を変えるとすれば、ロボットは主に肉体労働の現場を大きく変えることになるでしょう。私はそう遠くない将来、「一家に1台のヒューマノイド」が当たり前になる時代が到来しても何ら不思議ではないと考えています。

これからロボット市場が大きく育つとき、NVIDIAが引き続き半導体を供給するのか。

それとも〝次のNVIDIA〟と呼べるベンチャー企業がシェアを奪うのか。それは現時点では誰にもわかりません。

今後、防犯カメラにもＡＩが搭載されるようになるでしょう。その際、NVIDIAのような高性能ＧＰＵを防犯カメラに搭載させるのはオーバースペックになります。すると、スマホ向けの半導体に強いQualcomm（クアルコム）が成長するかもしれません（Qualcommはすでにウォッチリストに入っており、株も保有しています）。

こうしたシナリオをいくつも想像しながら、私は「次に主役となる企業はどこか」「新たな技術やサービスはどんなインパクトをもたらすのか」を考えています。

メタトレンド投資が旅だと思う理由は、NVIDIAやTesla、Appleのような10倍、１００倍の大化け銘柄をつかんだからといって、私は満足しないからです。

なまじ大きなリターンを得ると「もう資産が1億円を超えたから十分だ」「これでＦＩＲＥできるから悠々自適に暮らそう」と考える方もいるかもしれません。

しかし、私は資産がいくらになろうが「さらにおもしろい技術や企業が眠っているのでは」とアンテナを張り続けます。

この「いつ終わるとも知れない冒険のような感覚」こそが、私にとって投資の醍醐味《だいごみ》のひとつとなっています。メタトレンド投資は、10年、20年といった長期の視点で、世界の技術革新や産業構造の変化をリアルタイムに体感する場でもあります。

そして、そのなかで「次のNVIDIA」や「第2のTesla」を見つけたときの喜びは、まさに冒険における「宝探し」のようなワクワク感があるのです。

一度大化け銘柄をつかんだからといって、それで終わりにはしない。そこからさらに「次」に目を向け、別のメタトレンドに乗って大きく成長しそうな企業を探索する。

この繰り返しが、終わりのない旅のようであり、投資をどこまでも刺激的で新鮮なものにしてくれるのです。

チャンスの女神の前髪は、片手でつかむ

メタトレンド投資とは「終わりのない旅」のようなものであり、私は保有する株が大化

けしてもそれに満足せず「次のNVIDIA」や「次の次のNVIDIA」を常に探し続けています。

とはいえ、すでに大きく成長し、私のポートフォリオで大きなウェイトを占めているNVIDIA株を、すべて売ってまで「次のNVIDIA」を探し回るような真似はしません。NVIDIAはすでに「固い」と言えるほど安定的な株になっており、今あえて手放す必要はないからです。

ＡＩというメタトレンドをけん引するNVIDIAをしっかりと握りながらも、「あのChatGPTを開発したOpenAI（オープンエーアイ）が上場したらどう動くか」「ＡＩチップを開発する新興ベンチャーが注目を集めたらどうするか」という次なる可能性を探っています。

そうやってNVIDIAやTeslaのように、大きく成長した銘柄をポートフォリオの土台として維持しつつ、そこに満足せず「次の候補」を探し続けるわけです。

大切なのは、リスクを最小限に抑えながらも、いつでもチャンスの女神の前髪をつかみにいこうとする姿勢です。**言い換えれば、「片手で安定をつかみ、もう片手でチャンスを**

探る」というイメージです。

株価が伸びきった銘柄を全部手放すのではなく、その〝土台〟を維持しつつ、新たな大化け候補を小さく仕込んでいく。そのうえで、大きな社会変化や産業構造のうねりが明確になったときには、ポートフォリオの構成を変えたり、買い増しをしたりできる柔軟性と余裕を保つようにしましょう。

大化けを狙うなら「非上場株」

メタトレンド投資の最大の醍醐味。それは、いまはまだ注目されていない企業を探し出し、10年、20年という長期スパンで株価が10倍、100倍と化ける可能性を追いかけるところにあります。

すでに上場している企業の多くは、ある程度の規模に成長していることが多く、ここからさらに10倍、100倍へ跳ね上がるハードルは高いと言わざるを得ません。

そういう意味では、今後大化けする大きなポテンシャルを秘めているのが、いまはまだ未上場のベンチャー企業です。まだ成長過程であり、事業が軌道に乗れば一気に売上や利益が急増し、株価も劇的に跳ね上がっていくでしょう。

例えば、AI向け半導体を開発するGroq（グローク）は、半導体の王者であるNVIDIAに挑もうとしています。まったく新しいAI専用チップを開発し、処理速度を大幅に向上させることを目指しているのです。とはいえ、NVIDIAは高性能GPU分野を事実上独占しており、実績や資金力において圧倒的な地位を築いています。そこに真っ向から挑んでも勝つのはなかなか難しいでしょう。しかも、現時点では赤字を垂れ流しつつベンチャーキャピタルの資金で走るハイリスク・ハイリターンの典型的存在でもあります。

しかし、だからこそ、ここからGroqが急成長したり、NVIDIAを追い越すようなことが起きれば、株価は大化けすること間違いなしでしょう。

AI分野以外にも、魅力的なベンチャー企業は数多くあります。例えばStripe（ストライプ）は、ウェブサイト上でのクレジットカード決済を手軽に実装できるサービスを提供し、急激な成長を遂げてきました。

銀行との面倒な手続きや契約を一括して引き受けることで、多くのＥＣサイトやスタートアップがこぞって利用し、業界のデファクトスタンダード（事実上の標準）と呼ばれるほどの存在になりつつあります。しかもユニコーン企業（評価額10億ドル超の未上場ベンチャー）のなかでも、利益をしっかり稼ぐ優等生として知られているのです。

ところが、こうした魅力的なベンチャー企業の多くは未上場であり、個人投資家が自由に株を買うことはできません。基本的に非上場株はベンチャーキャピタルやエンジェル投資家（起業して間もない企業に資金を出資する投資家）、特殊なルートを持つ人々しか入手できないのです。

一応、セカンダリー市場（株などを投資家間で売買する市場）という方法があるものの、手数料が高額だったり、正当な取引なのか見極めが難しかったりと、ハードルがきわめて高いのが現状です。

では「未上場だからどうしようもない」と諦めるしかないのか。私は、そうは思いません。なぜなら、いまは未上場であっても、いつか上場する可能性は十分にあるからです。

そして、いざ上場が決まれば、株価が大きく跳ね上がるチャンスも大いに考えられます。

そこで、やはり私が推奨するのはウォッチリストの活用です。将来、大化けしそうだと感じる未上場企業を見つけたら、メモを取っておき、情報収集しておく。

例えばGroqに惹かれるなら「どんな技術でNVIDIAに挑もうとしているのか」「CEOのビジョンは何か」といった情報を日々ウォッチしておく。Stripeなら「いつ上場するか」という観点はもちろん、「競合はどこか」「どんな強みがあるのか」などをチェックしておく。

今後、もし上場するというニュースが出たら、これまで集めてきた情報をもとに素早く判断すればいいわけです。

未上場企業への投資は簡単ではありません。しかし「上場前に買えないから仕方がない」と思考停止するのではなく、あらかじめ目星をつけておけば、上場した瞬間に素早く動けるチャンスを得られます。

これもまた、メタトレンド投資の目線で「大化けを狙う」ひとつの方法だと私は考えています。

「バカげたビジョン」を掲げる上場企業を狙う

未上場企業のなかには驚くほど壮大なビジョンを掲げ、大きな伸びしろを持つ会社が数多くあります。しかし、先ほどもお伝えしたように、未上場企業の株式を一般の個人投資家が買うのは簡単ではありません。かたや、Apple や Meta のような巨大企業が今後10倍に成長することは現実的には考えにくいでしょう。

では、私たちが「大きな伸びしろ」を狙うには、どんな選択肢があるのでしょうか。

私が注目しているのが「すでに上場しているにもかかわらず、なお〝バカげた伸びしろ〟を狙っている企業」です。

その代表例が Tesla でしょう。CEOのイーロン・マスク氏は、多くの場面で常識外れ

とも言える大風呂敷を広げてきました。

例えば、2020年には「2030年までに年間2000万台のクルマを売る」という目標を公言しています。これは世界最大手であるトヨタ自動車の年間販売台数（約1000万台）の2倍です。「バカげている」「常識ではありえない」と批判されても不思議ではありません。

さらに、Teslaは EVだけでなく、太陽光発電や蓄電池による電力事業、自動運転を活用したロボタクシー事業、人型ロボット「Optimus（オプティマス）」開発など、次々と新しい事業を打ち出しています。どれもスケールの大きなプロジェクトであり、「そこまで手を広げて大丈夫なのか?」と思われても仕方ないでしょう。

しかし、こうした非常識なほどのビジョンがあるということは、そのぶん大きな伸びしろもあるということです。

さらに、Teslaはいまや黒字経営で潤沢なキャッシュを確保しており、駆け出しのベンチャー企業のように突然倒産するようなリスクはほとんどないと言えます。つまり、現在のTeslaは「すでに上場しているけれど、まだまだ〝バカげた伸びしろ〟を狙える会社」

という、上場企業と未上場企業のいいとこ取りができる存在なのです。投資してみる価値は〝ノークエスチョン（文句なし）〟ではないでしょうか。

ファンダメンタルズ分析だけで見れば、イーロン・マスクの言動は極端だととらえられるかもしれません。実際、既存の分析方法では、その伸びしろを正確には判断できない。

しかし、2025年1月時点でのTeslaの時価総額は約1・33兆ドルですが、NVIDIAやMicrosoft、Appleなどは3兆ドル以上を記録しています。ここから「Teslaの時価総額が3倍になる可能性もあるのでは？」という見方は、決して荒唐無稽ではないのです。

また、イーロン・マスクなら本当にやってくれそうな気もします。**万が一、2030年にTeslaが本当に2000万台を達成し、ロボタクシーやロボットといった新事業が軌道に乗るなら、いまの株価はむしろ安すぎるとも言えます。**

ここで勘違いしてほしくないのは「だから絶対にTesla株を買いましょう」と推奨したいわけではありません。

私がここで伝えたいのは、未上場企業に投資できない個人投資家にとっては「すでに上場しているのに、なお大きな伸びしろを狙える会社」を探すことが、現実的な戦略だということです。Tesla はその一例にすぎません。

「ワクワクする相手」を見つける

中島聡にとっての「投資すべき企業」は、必ずしもあなたにとって最適な企業とはかぎりません。私のようにテクノロジー好きな人間から見ると「イーロン・マスクがどんな未来を切り拓いてくれるのだろう」と想像するだけでワクワクします。

「どれほど壮大なビジョンを語っても、彼なら本当にやり遂げてしまうかもしれない」と思わせるカリスマ性にも惹かれ、私はすっかり虜《とりこ》になっています。

しかし、イーロン・マスクの言動は常にニュースの的となり、スキャンダラスな話題を定期的に振りまいています。

Tesla の株価も大きく変動することが多く、「ジェットコースターのような株価変動を見たくない」という方にとっては、Tesla はなかなか手を出しづらいかもしれません。

では、あなたが投資すべき企業は具体的にどう選べばよいのでしょうか。

まず大切なのは「メタトレンド投資」の観点で伸びしろのある業界を探すこと。そして、あなた自身が心から応援したいと思ったり、見ていてワクワクしたりする企業を見つけることです。

私の場合、テクノロジーやＡＩ、ＥＶの分野に強い興味と関心を持っていますし、イーロン・マスクのような大胆なリーダーシップに魅了されます。しかし、これはあくまで私個人の嗜好です。人によって投資先のジャンルや経営者に魅力を感じるポイントはまったく異なるでしょう。

「この会社を応援したい」「この製品やサービスはワクワクする」というあなたの直感と情熱。これこそ実は私が提唱するもうひとつの投資法、「推し投資」の核となる考え方です。その「推し」の見つけ方を知れば、株式投資がよりおもしろく、刺激的で、そして企業の成長を心から楽しめる〝尊い〟行為へと高まっていくでしょう。

次の章では、そんな「推し投資」について詳しくお伝えします。

第3章

「推し」の企業に投資する

そもそも「投資」とはなんだろう?

株式投資というと、多くの人は「資産形成」というイメージを思い浮かべるでしょう。もちろん、お金を増やす手段のひとつであることは事実ですが、私がいちばん強調したいのは「社会参加」としての投資です。

私たちは普段、働いたり買い物をしたりしながら社会にかかわっています。これが株主になると、さらに踏み込んだ形で世の中に参加することになります。

例えば、少額でも株を買えば、その企業との関係が一気に「自分ごと」に変わります。新製品のニュースを聞けば「これで業績が上向くのだろうか?」と期待し、社長のSNSが炎上したら「売上に影響があるかも」とハラハラする。

単に消費者として利用しているだけでは、自分ごとにはなりにくいものです。株主という立場だからこそ、自分の投資した企業や業界の動向を「他人事ではない」と感じられるわけです。

私が本格的に株を買いはじめたのは2004年、Apple株からですが、投資デビューそのものは高校生のころでした。当時は「株主になるのは大人っぽくてカッコいい」「投資をすれば社会の仕組みを学べそう」という好奇心から、アルバイトで貯めたお金を元手に投資をしてみたのです。初めて買ったのは東芝の株でした。

今から思えば、当時としてはずいぶんませた高校生だったかもしれません。けれど、そのときに「社会の一員になった」という実感を得たことは、非常に大きな経験になりました。

投資は「怖いもの」でも「単なる金儲けの手段」だけでもありません。社会とのつながりを深め、経済活動への参加意識を高める行為なのです。

まずは少額からでも投資をはじめて、今までとは違った視点で社会を見渡してみる。そうすれば、今まで見ていた景色が、これまでとは違った、より鮮明で、より深い色彩を帯びたものに見えてくるはずです。

株投資で政治を学ぶ

投資をはじめると、投資先の企業や業界の動向だけでなく、社会問題や政治にもおのずと関心が生まれます。経済や企業活動が、政治と切っても切り離せないほど密接に結びついているためです。

2024年、アメリカで大統領選挙が行われました。共和党のドナルド・トランプ氏か民主党のカマラ・ハリス氏、どちらが勝利するかによって、私が重点的に投資しているIT分野やEV分野は、大きな影響を受ける可能性がありました。

実際、バイデン政権下では独占禁止法の規制が強化され、GAFAM（Google、Apple、Facebook ※現Meta、Amazon、Microsoft）をはじめとする巨大IT企業によるベンチャー企業の買収が難しくなるという現象が起きています。それが制限されることは巨大IT企業にもベンチャー企業にも大きな影響を与え、業界全体の勢力図や、資金・人材の流れにも大きな変化が生じます。

ハリス氏が大統領に当選していれば、バイデン政権と同様、民主党の政策方針が継続されたでしょう。今回、トランプ氏が当選したことで、規制緩和をはじめとしたドラスティックな政策転換が起きる可能性もあります。

さらに、民主党政権下では地球温暖化対策の意識が高く、ＥＶへの補助金や優遇策が積極的に実施されていました。しかし今回、共和党政権になったことで、これらの環境保護的な施策が撤廃され、Tesla などＥＶ関連企業の株価にも大きな影響が生じるかもしれません。

ＥＶ市場の成長スピードが維持されるかどうかは、政治による後押しが重要な鍵を握っているのです。

もちろん、日本においても、誰が総理大臣になるのか、どの政党が政権与党になるのによって、経済政策や税制は大きく変わります。規制緩和や補助金、あるいは新しい法律の制定などが、企業の業績にプラスの影響を与えるのか、マイナスの影響を与えるのか。

投資先企業の将来を左右する可能性がある以上、株式投資をはじめると自然と政治の動きに注目せざるを得なくなるのです。

「いい大人だし、政治の勉強をしないといけないな」と思っていても、実際にはなかなか気が進まないという方は多いでしょう。しかし、株式投資をしていると、政治が「投資先の企業を取り巻く環境の一部」になることで否応《いやおう》なく自分ごとになるのです。

これは、英語を勉強しようと思ってもなかなか続かない人が、外国人の恋人をつくることでモチベーションが飛躍的に向上する、という話に似ています。参考書や学習アプリだけでは英語を学習するモチベーションを維持しづらい人も、外国人の恋人ができれば、みずから積極的に勉強するようになるものです。

投資を通じて、政治に対する意識や関心が高まる。これは、単なるお金儲けの範疇《はんちゅう》を超えた、株式投資の大きな意義であり、メリットだと私は考えています。

お金とは自己判断の「通信簿」

「中島さんにとって、お金とは何ですか?」と聞かれることがあります。

私は高級ブランド品や贅沢な暮らしにはまったく興味がなく、物欲もほとんどありません。

その一方で、将来有望な企業を見極め、投資することには強い情熱を注いでいます。「投資＝お金を増やすための手段」と考える人にとっては、私の行動は異質に映るかもしれません。

私にとってお金とは、ある種の「通信簿」です。自分の仕事や行動、判断に対する自己評価のバロメーターに近い存在です。

かつてMicrosoftに在籍していたころは、社内や上司から高い評価を受けると年俸が上がり、大きなプロジェクトを任されれば昇進につながるなど、成果が直接的に報酬や地位に反映される環境に身を置いていました。特にアメリカの企業文化は、日本以上に成果と報酬の連動が明快です。その明快さが、私には非常に心地よかったのです。

大学時代には「CANDY（キャンディー）」というパソコン用のソフトウェアを開発し、その売上がロイヤリティとして手元に入ってきた経験もあります。最近では、私が毎週発行している有料メルマガの購読者数が増えると、それがダイレクトに収入の増加につながります。

ここで重要なのは、私が「お金を稼ぎたい」という欲求だけで動いているわけではないということです。上司や同僚たちから「すばらしい仕事だった」「Good Job!」などと称賛されるだけでなく、さらにそれが最終的にお金という「数字」として目に見える形で返ってくることに、確かな手応えと達成感を感じるのです。

そしてこの感覚は、株式投資にも共通しています。**自分なりに将来性を見込んで投資した企業の株価が上昇すれば、それは通信簿で「A評価」や「5段階評価で5」をもらったかのような気分になります。つまり、自分の企業分析や投資判断が正しかったという、ひとつの証明になるわけです。**

逆に、予想が外れて株価が下落すれば、「もう少し頑張りましょう」と反省を促されているように感じます。

オリンピックの水泳や陸上は、タイムという明確な数字で結果が決まるため、非常にわかりやすい競技です。一方、審査員による採点競技は判定が曖昧《あいまい》だったり、評価基準やルールが変更されたりします。

私は「誰が一番速いのか」がタイムを見れば一目瞭然である前者のほうが好きです。

株式投資は株価という形で、投資判断の結果がスコア化される点が、水泳や陸上競技に近いと私は感じています。

企業の価値や将来の成長性を自分なりに見極め、その結果が株価や資産の増減という形で明確にフィードバックされる。

そのシンプルで客観的な評価システムが私には心地よく、投資を続ける大きなモチベーションとなっているのです。

私の投資デビューは「メタトレンド」と「応援」だった

高校生の私の、最初の投資先は東芝でした。その理由はシンプルで、「これから半導体と原子力に力を入れる」という東芝の事業方針に、未来への大きな可能性を感じたからです。

「これから大きく成長しそうな産業」「世界を大きく変えてくれそうなテクノロジー」に当時はまだ若かった私は胸を躍らせ、投資の世界へ足を踏み入れました。

今振り返ると、メタトレンド投資を高校生なりに実践していたのだと思います。

さらに当時の私は、東芝の先進性だけでなく、「この会社の成長を応援したい」という純粋な気持ちも抱いていました。

当時からコンピューターに強い関心を持っていたので、半導体分野の将来性に期待していましたし、原子力発電もあのころは「夢のエネルギー」と宣伝され、大きな期待が寄せられていた時代でした。私自身、のちに福島第一原子力発電所の事故を経て、今では原発には幻滅してしまいましたが、当時は「原子力が地球の未来を変えてくれるかもしれない」という希望を抱いていたのです。

もちろん、株式投資は寄付やカンパではありません。投資家は企業の成長から生まれる利益を期待して資金を提供し、企業はその資金をもとに事業拡大や研究開発を推し進めます。そして、企業が成果を上げれば、株価の上昇や配当金の支払いという形で、投資家に利益が還元されます。

「投資家が企業を応援し、企業が成長することで投資家も報われる」「お互いがWin-Winの関係を築き、共に成長していく」という仕組みに、当時の私は強い魅力を感じたのです。

東芝の株は約5年間保有して売却しました。そこで得た金銭的な利益以上に、この投資体験が私にもたらした学びや気づき、喜び、そして楽しさのほうが、はるかに価値があったと思っています。

その経験は、私の投資家としての原点であり、その後の投資スタイルを形成するうえで、大きな影響を与えました。

ただの「消費者」ではつまらない

私は、いわゆるRPG（ロールプレイングゲーム）というジャンルに、少し苦手意識がありります。もちろん、たまにはプレイすることもありますが、どうしても「ゲームデザイナーが作り上げたルールの上で、ただ踊らされているだけ」という感覚が拭えず、プレイ中に違和感を覚えて、興醒《きょうざ》めしてしまうのです。

ＲＰＧの世界でいくら難解な謎を解明したとしても、所詮《しょせん》はゲームデザイナーが巧妙に仕掛けたパズルを解いているにすぎません。現実世界に存在する、例えばアインシュタインの相対性理論のような、人類の叡智の結晶とも言える壮大な謎とは、次元が違うと感じてしまうのです。

この「誰かが作ったルールの上で踊らされている」という違和感は、日常生活の消費行動でも共通するものがあります。例えば、Amazonで便利な日用品を買い、Netflixで話題のドラマを楽しむ。多くの人にとっては快適で便利な日常でしょう。

しかし、私には「提供されたプラットフォームやサービスを、ただ受け身で消費しているだけ」という感覚が拭えず、どこか物足りなさを感じてしまうのです。その企業やサービスに対し主体的にかかわっていない自分が悔しいような、不愉快なような気分です。

では、どうすれば〝ゲームをプレイする側〟から〝ゲームを作る側〟に回れるのでしょうか。もちろん、「自分で会社を興し、みずからの手でビジネスを動かすこと」が最短かもしれませんが、とうぜんのことながら簡単な道ではありません。

そこで、私が選ぶ方法が「株主になる」というものです。

商品やサービスを消費するだけでは、どうしても「お客さん」という受け身的な立場で終わってしまいます。**しかし、そこに「投資」という要素を加えることで、企業の成長をともに目指す仲間になります。**

私は「Tesla のEV「Model X」に試乗し、圧倒的なユーザー体験を感じて、購入を即決しました。実はその瞬間、「これほど魅力的な自動車を開発・製造する企業の株を買わない理由はない」と自然に思えたのです。

そして、実際にTesla の株主になってみると、これまでとは世界の見え方が一変しました。Tesla の業績が向上すれば、自分のことのように嬉しく感じられますし、Tesla のEV市場でのシェアが拡大すれば、「自分もEVシフトの推進に、間接的ではあるものの、貢献できている」という確かな満足感が湧いてくるのです。

これはTeslaの自動車を購入しただけでは、決して味わえなかった感覚でしょう。

さらに言えば、Tesla関連のニュースや、CEOのイーロン・マスク氏の発言のひとつひとつが、以前とは比べ物にならないほど気になるようになりました。彼は〝ヤンチャな息子〟のようなところがあり、過激な言動で世間を騒がせることも少なくありません。しかし、それすらも「自分が投資先として選んだ企業の、リアルな成長ストーリー」と思えば、ハラハラ、ドキドキしながらも、どこか楽しく、目が離せないのです。

しかも、このTeslaへの投資ストーリーには続きがあります。

私はその後、株価が上昇したTesla株を一部売却し、その利益を元手に、Tesla製のソーラーパネルと屋根材が一体となった「Solar Roof（ソーラールーフ）」と、家庭用蓄電池「Powerwall（パワーウォール）」を自宅に導入しました。

企業を応援し、その成長によって得られた利益を、さらにその企業の製品に再投資する。このような、理想的な好循環を実現できたことは、私にとって非常に大きな喜びであり、まさに痛快な経験でした。**「ゲームをプレイするだけでなく、ゲームメイクに参画している」という強い実感を得られたのです。**

株主になることで、ただの受け手ではなく、企業の成長の喜びを分かち合い、時には課題を共に考える「仲間」の立場に一歩近づけるのだと感じます。それは心地よく、痛快で、投資の楽しみが何倍にもなるのです。

投資とは「推し活」である

近年、日本では「推し」という言葉を頻繁《ひんぱん》に耳にするようになりました。

もともとはアイドルやアーティストなどを熱心に応援することを指し、自分が応援したい相手を「推しメン」、熱心に応援する行為を「推し活」と呼びます。応援するアイドルのCDを複数枚購入したり、SNSでその魅力を熱心に発信したり、ライブやイベントに足繁《あししげ》く通ったりすることなどが、代表的な推し活と言えるでしょう。

私自身、いわゆる「推しのアイドル」がいるわけではありませんが、推し活に熱中する人々の気持ちは、とてもよく理解できます。**なぜなら、私が長年実践してきた投資は、まさに「企業を応援する行為」であり、本質的には推し活とまったく同じだからです。**

例えば、企業が新製品を発表するニュースを目にしたとき、投資家である私は、アイドルグループが新曲をリリースするニュースに胸を躍らせるファンと同じような、期待と興奮を覚えます。決算発表は、まるでアイドルグループの選抜メンバー発表を見守るかのような緊張感があります。

アイドルファンにとって、ＮＨＫ紅白歌合戦への出場や新メンバーの加入が一大イベントであるように、投資家にとって、企業の重要な発表や新製品のリリースは、心が浮き立つ瞬間なのです。「推し」企業が次にどんな戦略を打ち出してくるのか、どんな新しい製品やサービスで世界を驚かせてくれるのか、楽しみで仕方がなくなるのです。このような高揚感は、「推し投資」ならではの醍醐味《だいごみ》と言えるでしょう。

私にとっての「推し」の代表格は、Apple と Tesla です。私は両社の製品やサービスに強く魅了され、株式も保有してきました。

２００４年、私は Apple 株を買って本格的に投資の世界に足を踏み入れました。当時は、iPodの爆発的なヒットによって、Appleが脚光を浴びはじめたころでした。元Microsoft社員の私は、それまでWindows一辺倒でしたが、試しにAppleのコンピューターを使ってみたところ、その先進性とユーザー体験の質の高さに、大きな衝撃を受けました。

そして「当時の株価は非常に割安で、今後の成長余地、つまり大きな伸びしろがあるのではないか」という直感が働き、まずは少額から投資をはじめたのです。

その後、実際にApple製品を使い込むうちに、私はすっかりその魅力の虜《とりこ》になりました。特に、私にとって大きな転機となったのは、2007年のiPhoneの登場です。「これは単なる新しい携帯電話ではなく、人々のライフスタイル、ひいては世界を大きく変える可能性を秘めたデバイスだ」という強い興奮を、今でも鮮明に覚えています。

また、実際にiPhoneを使いはじめると、その直感的で洗練されたUI（ユーザーインターフェイス）／UX（ユーザーエクスペリエンス）に驚嘆し、「ここまで革新的でユーザーフレンドリーなデバイスが、世の中に存在したのか！」と心の底から感動しました。まるで、サンタクロースから最高のプレゼントをもらった子どものように夢中になってiPhoneを使い倒しました。

こうした「製品を通じた実体験」が私の推し投資への思いをさらに強固なものとし、Apple株を本格的に買い増す大きな原動力となりました。

実際にApple株を保有するようになってからは、これまでただの消費者や他人事として見ていたニュースに対して、意識がまったく変わりました。「新型iPhoneが出るらしい」「売上高はどのくらい増えるのか」というニュースが自然に目に留まり、同社の事業や成長を自分ごととして楽しめるようになったのです。

そして、iPhoneが世界中で爆発的に普及していく様子を、株主として、そして「自分の『推し』と共に成功をつかんだ」という、強い共感と達成感を持って、見守ることができたのです。私にとっては二度も三度もおいしい体験となりました。

Teslaも同様です。2018年にTeslaのModel Xを購入したきっかけは、私の周りでTeslaの自動車に乗る友人が急に増えていることに気づいたからです。実際にTeslaを所有している友人に話を聞くと「一度この先進性を体験したら、もう他のメーカーの車には戻れない」と熱っぽく語るのです。そこまで言うならと私も試乗してみたところ、予想を遥かに超える、滑らかかつパワフルな加速感、そして近未来的なＵＩに感動し、その場でModel X の購入を決めてしまいました。

私が投資をして以降、Tesla は必ずしも順風満帆ではなく、厳しい評価に晒《さら》されてきました。特に、長引く赤字経営に対して、多くのアナリストが「現実離れした経営ビジョン」「イカれたＣＥＯが率いる会社だ」などと批判し、冷ややかな視線を送っていました。しかし、最終的には、株式市場や懐疑的なアナリストたちの予想を覆し、Tesla はＥＶ市場のリーディングカンパニーへと成長を遂げ、いまやトヨタを上回るほどの時価総額を誇る企業へと変貌しました。

これは、まるで無名のインディーズバンドをデビュー前から応援し続けてきたファンが、そのバンドが国民的な人気を獲得し、東京ドームを満員にするまでになったような話です。推しが、世間の逆風を跳ね返し、大舞台で活躍する姿を、株式投資を通じて、いわば特等席で楽しむことができたのです。そしてその急成長を「推しと共に駆け抜けた」という強い一体感と達成感を持って、堪能することができました。

投資を「推し活」という視点でとらえてみると、これまでとはまったく違った景色が見えてきます。投資は一気に、エキサイティングで身近、そして心から没頭できる、最高のエンターテインメントへと変わるのです。

推し企業に投資し、株主となり、その成長を心から応援し、成功を共に喜び、時には課題を一緒に乗り越えていく。これこそが、私が考える「投資は究極の推し活」であるという理由です。

そして、推しの成長を最も近い場所で見守り、伴走していく。そこには単なる「資産形成」という枠を超えた、他の何物にも代えがたい〝尊い〟体験が待っているのです。

iPhoneユーザーならApple株を持ってみよう

「これがないと生活できない」と思えるほど、熱烈に支持している企業や製品、サービスも「推し投資」の対象となり得ます。

例えば、Apple製品を愛用し、「iPhoneやMacBookなしの生活は考えられない」という方は少なくないでしょう。しかし、そうした熱心なAppleファンの中で、実際にApple株を保有している人は、意外と少ないのではないでしょうか。

同様に、「ポイ活」で楽天ポイントをためることに熱心で、何万ポイントもため、「たまったポイントで何を購入しようか」と胸を躍らせている人でも、楽天グループの株主になっているかというと、これもまた多くはないでしょう。

私はそうした状況を少し不思議に感じています。

「iPhoneやMacBookがないと困る」というほどApple製品に魅了されているなら、「ただ製品を使う」という消費者の立場から一歩踏み出し、投資家としてAppleの成長を共に喜び、その未来を応援するという選択肢があっても良いのではないでしょうか。

Netflixでオリジナルドラマや映画を毎日のように楽しんでいるなら、Netflix株への投資を検討してみてもいいはずです。

もちろん、いわゆる「推し」のアイドルやアーティストが所属する事務所が上場企業であれば、その企業の株を保有することも一案です。例えば、世界的人気を誇るK-POPグループ・BTSの所属事務所であるHYBE（旧Big Hit Entertainment）や、日本でもエイベックスやアミューズといったエンターテインメント企業が上場しています。

「大好きなサービスをただ消費しているだけ」の立場と、「大好きなサービスに投資し、その成功を当事者として共に喜び、成長の果実を受け取る」立場とでは、その企業やサービスへの関わり方、そしてそこから得られる満足感や経験に、雲泥《うんでい》の差があります。

あなたにとって「欠かせない」「手放せない」と感じる企業やサービスがあるなら、単なる消費者にとどまらず、株主という立場で「推し活」をさらに深め、その可能性を広げてみるといいでしょう。

もしその企業が業績を伸ばし、株価が上昇すれば、「ファンとして」の喜びと「投資家として」の喜びを、ダブルで味わうことができるのですから。

あなたにとっての「推し企業」は？

「推し投資」のきっかけは、実は日常の何気ない選択の中にこそ隠れています。私たちは普段、銀行や証券会社、通信会社などを「何となく」選んでいるように見えて、実際は「このサービスのほうが自分に合っている」「ここなら信頼できそうだ」といった直感や納得感を手がかりに、無意識のうちに判断しています。

例えば、銀行口座の見直しを考えてみましょう。度重なるシステム障害に不信感を抱き、みずほ銀行から「より安定していそうな他の銀行へ乗り換えよう」と考えたとします。

自分にとって大切なお金を預けるわけですから、手数料やサポート体制、他のユーザーからの評判などを、口コミサイトや比較サイトなどで徹底的に調べるのではないでしょうか。

その結果、「この銀行は自分と相性が良さそうだ」「ここなら安心して任せられる」という確信を得て、新しい銀行の口座を開設するはずです。

さらにその流れで、その銀行の株を購入するという選択肢が浮かんできても、まったく不思議ではありません。自分が「ここが良い」と感じるのは、他行にはない魅力や強みを感じ取っているからです。**そして、あなたと同じように感じる人は、世の中に大勢いる可能性が高く、将来的に利用者数の増加や業績の向上、ひいては株価の上昇へとつながるかもしれないのです。**

たとえ「イメージキャラクターが好きだから」「みんなが使っているから安心」といった一見ありふれた理由であっても、深く掘り下げて考えてみれば、それは他社よりも巧みなマーケティング戦略や、強固なブランドイメージの構築に成功している証拠とも言えます。

証券会社選びでもまったく同じことが言えます。投資に興味を持ち、この本を手に取ってくださった方の多くは、すでにどこかの証券会社で口座を開設しているでしょうし、これから口座開設を予定している方も少なくないでしょう。

そこで「なぜ数ある証券会社の中から、その会社を選んだのか」をいま一度、自分自身に問い直してみてください。

「手数料が業界最安水準」「スマホアプリや取引サイトが直感的で使いやすい」「顧客サポートが親切で安心」「魅力的なキャンペーンを頻繁に実施している」など、少なからず自分なりの選定基準があったはずです。

そしてその選定基準こそが、実はあなたがこれから応援したいと思える、推し企業を見つけるための重要なヒントなのです。

日常生活の中で、自分が何気なく選んだ企業やサービスを、一歩引いて客観的に眺めてみる。そうすることで「好きだから」「自分に合っているから」などの理由で無意識のうちに応援している企業や、推しの存在に気づくことができるのです。

推せなくなったら、さっさと売る

どれほど熱烈に推していた企業であっても、時が経つにつれて、その魅力が薄れ、「もう推せない」と感じてしまう瞬間が訪れることがあります。

そのようなときは、未練を残さず、潔く売却するのが私の流儀です。例えば、かつて私はMeta の株を保有していましたが、あるタイミングで全株売却しました。

その理由は、Meta が社名を変更するほどメタバース事業に傾倒しはじめたことに強い違和感を覚えたからです（2021年10月、Facebook から Meta に社名変更）。メタバースを大まかに説明すると、3次元の仮想空間で、ユーザーがアバター（自分の分身）を介して、コミュニケーションや経済活動を行うことができるようになるという構想です。

当時の Meta の経営陣は、このメタバース事業に並々ならぬ可能性を感じ、社運を賭けているように見えました。

しかし、当時の技術水準やデバイスの性能、普及状況を冷静に分析すると、多くの課題が山積しており、一般ユーザーに広く普及するには、相当な時間とテクノロジーの進化が必要であると私は判断しました。

とても「社名を変更してまで、全精力を注ぎ込むほどの事業領域とは思えなかった」のです。

さらに私自身、SNSとしての Facebook をいつからかまったく使わなくなっていました。

つまり私の中でMetaは、「メタトレンド投資」として見た場合の将来性にも疑問符が付き、「推し投資」としての愛着も失われてしまったのです。そうなると、もはや同社の株を保有し続ける理由はなくなり、すべて売却するに至りました。

以前は「推し」だった企業が、いつの間にか「推せなくなる」ケースは、誰にでも起こり得ることです。

例えば、一時期は楽天ポイントをためることに夢中になっていたけれど、最近はポイントの使い勝手が悪くなったと感じ、ドコモのdポイントに乗り換えた。いつもAmazonで買い物をしていたけれど、最近は配達員の対応が雑になったと感じ、ヨドバシカメラの「ヨドバシエクストリーム」を利用するようになった、など。

このように、消費者目線で見たときに、サービスの魅力が薄れてしまったと感じたならば、それは投資家目線で見ても「推せない」と判断する十分なきっかけとなります。応援する気持ちが失われてしまったのであれば、その企業の株式を保有し続ける合理的な根拠も消滅してしまうのです。**それは、まさに「売り時」のサインです。**

推せなくなった企業の株を未練がましく保有し続けても、結局はストレスが溜まるだけです。もし株価が下落すれば、金銭的な損失だけでなく、精神的にも大きなダメージを負うことになります。「あのとき、未練を断ち切って、さっさと売却しておけば良かった」と後悔することになるでしょう。もし仮にその後株価が上昇したとしても、推していたころのような、企業と成長を共に喜び、未来を創るという、あの高揚感は二度と戻ってきません。

「推せなくなった」と感じたら速やかに売却する。この潔さこそが、メタトレンド投資と推し投資を、長期にわたって、そして精神的にも健全な状態で続けていくための、重要な秘訣だと私は考えています。

「株主&作り手」となってリターンを得る

自分が心から応援したい企業の株を買う「推し投資」。

例えば、Apple製品が大好きならApple株、Netflixのオリジナルドラマに夢中なら

Netflix株を買ってみる。そんなふうに推しの企業を見つけ、株を買ってみることで投資が一気に楽しくなります。

そして、推し投資をもう一歩進めると、単なる「利用者」や「株主」にとどまらず、〝作り手〟としてその企業を盛り上げる楽しみ方が生まれます。

具体的には、私自身、作り手としてiPhone用のアプリを開発し、Appleの成長を後押しする体験をしました。

「写真共有型SNS」といえば、誰もが口を揃えてInstagramと言うでしょう。ところが、世界で最初に〝スマートフォン向け〟に写真共有を実現したのは、実は私が手がけたアプリでした。

初代iPhoneの登場から1年ほど経過した2008年、まだiPhoneのアプリ開発が世間的にさほど注目されていない時期でした。当時の私は「ここでアプリを開発すれば大きく成功できるかもしれない」と考えていました。

当時から私はアメリカに住んでいましたが、仕事の関係で頻繁に日本を訪れることがありました。そして、日本のモバイル事情にも触れる機会が多く、なかでも当時のJ-PHONE（ソフトバンクの前身）の関係者の方から「数ある携帯電話の機能やサービスの中で、ユーザーが一度使いはじめたら離れられないのは写真（写メール）だった」という話を聞きました。

そこで「スマホで撮った写真を手軽に共有できるアプリがあれば世界でヒットするに違いない」とひらめいたのです。

こうして開発したのが「PhotoShare（フォトシェア）」というアプリです。リリース当時、Apple のアプリストア App Store に登録されているアプリはわずか５００個程度だったため、PhotoShare は瞬く間に注目を集めました。

投稿した写真に「いいね」的な反応やコメントが即座に付けられる仕組みがウケ、若い世代を中心に大盛り上がりを見せます。なかには1日に数時間もアクセスを続けるヘビーユーザーも登場。さらには「PhotoShare がきっかけで結婚しました」というカップルが何組も現れたのです。

ダウンロード数は１００万を超え、App Store のソーシャルネットワーキング部門で2

年間トップを維持。あまりにも夢中になって使う子どもたちがいるため、一部の学校で使用禁止命令が出るなど一時的なブームにもなりました。

しかし、そんなPhotoShareも、ビジネスとして飛躍しなくてはならないタイミングで、私が誤った経営判断をしてしまいました。

あるビジネスモデルコンテストで優勝した際、ベンチャーキャピタルが出資を申し出てくれたのですが、画像フィルターですでに利益を上げていたため、外部からの投資は不要だと考え、せっかくのチャンスを断ってしまったのです。

その後、地道に拡大を続けていましたが、後発として2010年に登場したInstagramがベンチャーキャピタルの潤沢な資金を使い、こちらが有料で提供しているフィルターを無料で提供するなどの戦略を取ることにより、一気にユーザー数を拡大。最終的にはMetaに高額で買収されるという大成功を収めました。

結果的に、PhotoShareは大きなビジネス的な成功には至りませんでした。しかし、私はスマホ向け写真共有サービスを世に出すことで「iPhoneでこんなことができるんだ」

という iPhone の魅力をより多くのユーザーに示せたという強い手応えがありました。

のちに Instagram が大きなブームを巻き起こしたことで、スマートフォンでの写真共有が世界的に当たり前となり、さらに iPhone が絶大な人気を得る一因にもなりました。

つまり、PhotoShare は直接的にも、そして Instagram を通して間接的にも「Apple の成長と株価を引き上げる一助になったのでは」と考えています。

私は当時から Apple 株を保有していましたから、iPhone の普及と盛り上がりは、そのまま Apple の企業価値向上、そして株価上昇に直結していました。そう考えれば、PhotoShare は大成功こそしなかったものの、Apple 株の上昇によって利益をもたらしてくれたので、私としては「結果オーライ」と納得できる面もあります。

このように、自分が心から推しと思える企業を支える手段は株主になることだけではありません。

作る側として参加し、製品やサービスを盛り上げることで、その企業の成長に直接・間接的にサポートするやり方もあります。なかなか上級編だとは思いますが、一歩踏み込んで作り手としてかかわってみると、「自分と企業が一体となって成長する感覚」を味わえますし、それはとてもエキサイティングな体験です。

一億総クリエイター時代、究極の「推し投資」

単なる消費者や投資家を飛び越え、みずから盛り上げる側に回ることで、企業の価値や株価を共に引き上げていく。これもまた「推し投資」の一環です。

例えば、映像クリエイターの方なら、Netflixの株を保有するだけでなく、みずからの作品をNetflixに売り込むという選択肢も考えられます。

また、YouTuberの方であれば、Alphabet（Google）の株を保有しながら、自分のチャンネルを精力的に伸ばしてもいいでしょう。YouTuberのマネタイズといえば動画広告や企業案件、グッズ販売が一般的ですが、YouTube全体を盛り上げることで、株主としてAlphabetの株価上昇に寄与する。それが従来の収益以上のリターンをもたらす可能性もあるのです。いつか、YouTube動画から得られる収入以上に、Alphabet株で大きく稼ぐ「真のYouTuber」が誕生するかもしれません。

もちろん、「自分にはプログラミングなんて無理」「映像制作などクリエイティブな作業はハードルが高い」と感じる方もいるかもしれません。
たしかに、ITエンジニアや映像クリエイター、人気YouTuberのように作る側へ本格的に飛び込むのは難しく思えるでしょう。

しかし、素人であっても参加できる方法はいくつもあります。**いまやSNSやブログ、動画プラットフォームといった発信の場が豊富に整備され、誰もがクリエイターやインフルエンサーになれる「一億総クリエイター時代」です。**

例えば、自分のブログで楽天ポイントの効率的なため方を解説したり、SNSでAmazonのセール情報を発信したりするなどの情報発信でも、推し企業の売上拡大や株価成長に一役買うことができる可能性は十分あります。

今の時代、一般人の力を侮《あなど》ってはいけません。一般人のSNS投稿がきっかけで商品が爆発的に売れたり、一夜にしてブームが到来するケースは珍しくありません。

もちろん「製品が好き」「サービスを応援したい」というシンプルな気持ちだけでも、十分に推し投資を楽しめるでしょう。

しかし、好きな製品やサービスを応援するための努力や創意工夫が、企業の成長につながり、株価も上がって株主としても恩恵が受けられる。こうした「利用者・株主・作り手」という三位一体の形態は、まさに推し投資における究極の形であり、最高にワクワクできる体験となるのです。

一般人は時としてプロのアナリストをしのぐ

個人の投資家は、ファンドマネージャーやアナリストといったプロには太刀打ちできない——。そんなふうに思っている人も多いのではないでしょうか。

たしかに、彼らは国内外の大学や大学院で最先端の金融や経営を学び、豊富な情報ソースやマンパワー、そして大きな資金力を駆使して市場を分析しています。

しかし、広範囲にわたる業界や企業を網羅的にカバーしなければならず、1社1社を深く掘り下げるにはどうしても時間とリソースの限界があります。結果として、その分析や知識は〝広く浅く〟になりがちになるという弱点を抱えています。

一方、推し投資家は「好き」という情熱を原動力に、とことん深掘りできます。日常的に推し企業の製品やサービスを使い込み、ＳＮＳやコミュニティで推し企業のユーザーの声を拾う。

まさに、寝食を忘れるほど推し企業を追いかけることで、プロのアナリストをもしのぐ知識を得ることが可能なのです。

例えば、私は「Tesla」の大ファンです。毎日Tesla車を運転し、自宅には太陽光発電システムまで導入しているため、製品やサービスの強みはもちろん、弱点も体感的に把握しているつもりです。あるとき「Tesla」に問い合わせをした際、担当者よりも私のほうが自動運転用コンピューターについて詳しく、思わず苦笑いしてしまったほどです。

同じように、ファンやマニアがプロや本職を凌駕《りょうが》するケースは決して珍しくありません。鉄道ファン（いわゆる鉄オタ）は、車両の型番や走行音の違い、時刻表の細部まで驚くほど詳しく、鉄道会社の社員や経営陣顔負けの知識を持っていることがよくあります。

芸能の分野でも、好きな俳優や映画監督の作品を片っ端から観ているファンのほうが、映画評論家より深い視点を持っていることがよくあります。

あるいは、楽天ポイントを熱心にためている楽天ファンであれば、「楽天市場のＵＩをこう変えれば、もっと使いやすくなるのに」といった改善案や新サービスのアイデアを日常的に思いつくこともあるでしょう。

誰に頼まれるでもなく膨大《ぼうだい》な情報や数字を追い、分析するだけでは見えてこない「現場感覚」に気づけるのは、マニアならではの強みです。

推しの企業に夢中だからこそ、情報収集や勉強が苦になりません。むしろ新しい情報や、まだ世間が気づいていない情報を得るたびにワクワクする。好きでたまらないからこそ、どんどん知識や経験が積みあがり、プロでも網羅しきれないような領域まで踏み込んでいけるのです。

こうした「好きこそものの上手なれ」の姿勢が、広く浅い分析にとどまりがちなプロを上回るアドバンテージをもたらす源泉になるのです。

「学び」のための投資

ここまでは推したいという情熱を原動力とした投資の流れをご紹介してきました。しかし、実はその逆のパターン、つまり「その企業や業界について深く知りたいから、あえて投資する」という戦略も有効です。

これは「この企業をもっと詳しく知りたい、だからこそ少額投資をして、まずは自分ごと化してみよう」という、いわば「学び」を目的とした投資手法です。

例えば、「よく知らない業界だけれど、なぜか妙に気になる」と感じる企業やサービスに出合ったとき、私はまず少額だけ投資してみることにしています。

ここまでお伝えしたように、株主になることで、その企業や業界に関する情報を自然と集めるようになり、自発的に勉強するモチベーションが飛躍的に高まるからです。お金を投じることで、その企業への関心度が格段に上がり、「もっと深く知りたい、理解したい」という知的好奇心が強く刺激されるのです。

最近、私がこの「学びのための投資」を実践したのが、アメリカのEVメーカー、Rivian（リヴィアン）です。ある時期から、Rivianの存在が妙に気になりはじめました。メディアの報道では、アメリカのEV市場はTeslaが圧倒的なシェアを誇り、BYD、フォード、GM（ゼネラルモーターズ）などがそれに続くとされています。**しかし、私が住む地域では、Teslaに次いで、Rivianの自動車を頻繁に見かけるのです。体感的には「8割がTesla、残りの2割がRivian」という印象でした。**

さらに、私の知人もRivianの自動車を所有しており、感想を聞いたところ、「デザインや乗り心地が最高で、他の車にはもう乗れない」と絶賛していました。

そこで「いきなり大金を投じるのはリスクが高い。まずは少額の投資で、この企業について徹底的に調べてみよう」と考え、Rivianをウォッチリストに追加し、実際に少量の株を購入してみました。

財務諸表に目を通してみると、Rivianはまだ多額の赤字を計上しており、自動車を1台販売するごとに損失が発生している状況でした。財務状況だけを見れば、「そう遠くないうちに経営破綻しても不思議ではない」と言われても仕方がない状態です。

そうやってウォッチしている間に、フォルクスワーゲンから資金調達し、さらにジョイントベンチャーを作って、そこからソフトウェアをフォルクスワーゲンと共同開発することまで決まりました。まだ、この提携がどこまで花開くかはわかりませんが、**Tesla 以外の自動車会社はどこもソフトウェアが不得意なので、ソフトウェアに強い Rivian が自動車業界で大きな役割を果たす可能性がないとも言えません。**ですから、しばらくはこのまま株を保有し続け、様子見しようと思っています。

もうひとつ、私が「学び」のために投資した企業として、Unity Technologies（ユニティ・テクノロジーズ）が挙げられます。ここは、3Dゲーム開発で世界的に使用されているゲームエンジン「Unity（ユニティ）」を開発・提供している企業です。

近年、ゲーム開発以外にも、医療、製造、建築など、幅広い産業分野で活用されはじめており、将来的にビジネスの現場で大きく活用される可能性に期待し、私は Unity Technologies に興味を持ちました。

そこで、まずは少額の投資を実行し、ビジネスモデルや業績、将来性について、自分なりに詳しく調査・分析してみました。

しかしある時点でビジネスモデルを変更し、Unityを使ってゲームを開発している開発者たちを怒らせてしまったのです。この事件以降、じっくり長期保有したい会社だとは感じられなくなり、購入した株は早々に売却しました。

結果的に、Unity Technologiesへの投資で少し損失を被《こうむ》ってしまいました。しかし、Unity Technologiesという企業やビジネスモデル、そしてゲームエンジン業界について、ある程度深く理解できたことは、私にとって大きな収穫でした。「自分には合わない投資先」という判断ができたことで、無駄な損失を回避し、迅速に損切りを実行できたのです。

今後の投資判断に必ず活かせる、貴重な「学び」への投資だったと言えるでしょう。

「推す」ことで点と点がつながる

推し投資をしていると、一見何気ないニュースの中に、他の投資家が見落としている重要なヒントが隠されていることに気づくことがあります。

例えば、私がスターバックス株を保有していたときのことです。

ある日、何気なく目にしたニュース記事に「スターバックスのプリペイドカードやドリンクチケットの累計未使用残高が３００億円を超えた」と書かれていました。ご存じの方も多いと思いますが、スターバックスは店舗でのスピーディーな支払いを実現する、独自のプリペイドカードを発行しています。カードに事前にチャージしておけば、ドリンクやフードをスムーズかつ簡単に購入できるのが魅力です。

しかし、なかにはチャージした金額を使い切らずに、カードの存在自体を忘れてしまう顧客も一定数います。そうした顧客が使用しなかったチャージ残高は、スターバックス側に「預かり金」として積み上がっていくことになります。記事によると、その預かり金の総額が、なんと３００億円を超えているというのです。

ちょうど同じころ、私はアメリカの会計ルールに関する別の記事を読み、「プリペイドカードなどにチャージされた資金は、一定期間が経過して使用されなかったぶんを、企業の利益として計上できるルールがある」という情報を得ました。

この瞬間、私の頭の中で「スターバックスの未使用残高のニュース」と「アメリカの会計ルール」という、2つの異なる情報がピタリと結びついたのです。

そして私は次のような仮説を立てました。仮にスターバックスが未使用残高300億円のうち、年間20%を利益として計上できるのであれば、1年で60億円もの利益が会計上、〝新たに〟加算されることになります。キャッシュフロー（現金の出入り）自体は、チャージされた時点ですでに手元にあるお金なので変わりません。しかし決算書上は、未使用残高の一部が「利益」として計上されるのです。そうなれば、スターバックスの決算の数字は大きく押し上げられることになるでしょう。そしてスターバックスは新規出店や特別な販促施策などを実施しなくとも毎年60億円ずつ、5年間で合計300億円もの莫大な利益を安定的に上乗せできる可能性がある、とにらんだのです。

言うまでもなく、企業の利益は株価に直結する重要な要素です。**この未使用残高の利益計上は、スターバックスの株価を大きく押し上げる強力な要因になり得ると確信しました。**

このような発想に至ることができたのは、スターバックスが私にとって「推し企業」で

あり、実際に推し投資をしていたからにほかなりません。

逆に、いくらスターバックスのフラペチーノのカスタマイズに詳しい熱狂的なファンであっても、プリペイドカードなどの未使用残高とアメリカの会計ルールに関するニュースになかなかピンとはこないでしょう。ましてや、それらの情報からスターバックスの将来の利益を押し上げる可能性を考えることなどしないはずです。

「推し投資」は、時にプロのアナリストですら見落としてしまうような、貴重な情報や洞察、そして他の投資家にはない「気づき」を得られる可能性を秘めています。

「推し」への愛情とも呼べる深い関心は、投資で成功するための強力な武器となり得るのです。

「経営者のビジョン」を推す

ここまで、Apple の iPhone や Tesla の Model X のように「製品が好きで惚《ほ》れ込んだ」

という推し投資の事例をご紹介してきました。

しかし、推しの対象は必ずしも製品そのものにかぎりません。経営者が掲げる「ビジョン」を推す場合もあります。

例えば、Apple の共同創業者であるスティーブ・ジョブズは「コンピューターを誰でも使える直感的なツールにし、人々の創造性を解き放つ」という壮大なビジョンを掲げました。

彼がこだわった「使いやすさ」と「洗練されたデザイン」の追求は、それまでのパソコン業界の常識を根底から塗り替えただけでなく、のちの iPhone や iPad といった革新的なデバイスにつながり、大きな成功を収める原動力になりました。

また、Tesla のCEOであるイーロン・マスクの場合、「持続可能なエネルギーへの移行を加速する」というミッションを打ち立てています。

さらに彼の挑戦はEVだけにとどまらず、太陽光発電や蓄電池の普及、ロケット開発を通じた宇宙への進出など、持続可能な未来を目指したミッションを切れ目なく進めているのです。

私が初期段階でAppleやTeslaに投資した理由は、製品への惚れ込みだけではありません。彼らが創ろうとする未来に共鳴し、その実現を後押ししたいという強い想いに突き動かされたのです。

もちろん、こうしたビジョン先行型の投資には、それ相応のリスクが伴います。革新的な取り組みは長期的な赤字を生むこともありますし、周囲から「荒唐無稽だ」「そんなものはうまくいくわけがない」と否定的に見られる場合も少なくありません。

しかし、数字だけでは測り切れない可能性や潜在力を秘めた企業は、メタトレンドの大波に乗って大化けするチャンスを十分に持っています。

「この経営者の考える未来を応援したい」「このビジョンなら自分も参加したい」という直感や共感があれば、ビジョンそのものを推しとして投資するのも十分ありだと私は考えています。

経営者のビジョンの大きさは、その企業の「伸びしろ」を表す指標でもあります。経営者が大きな夢を熱く語り、その夢をサポートしよう、その夢に賭けようと考える人や投資家が集まる。そんな会社が伸びるのです。

「経営者の人となり」を推す

その企業に実際に投資するかどうか。その判断材料となるのは製品やサービス、そして経営者が掲げるビジョンだけではありません。

経営者自身の「人となり」に惹かれて投資を決めるケースも多々あります。

ハワード・シュルツ氏は、シアトルの一コーヒーショップにすぎなかったスターバックスを世界的なコーヒーチェーンに成長させました。スターバックスに「サードプレイス（自宅と職場の中間にある第3の場所）」の概念を導入したことでも知られています。私は彼の本を読み、そのリーダーシップとビジョンに深く魅了されました。

もともと私がシアトル在住で、スターバックスが地元企業だという点に親近感を抱いていたことも相まって、「この人の思い描くスターバックスなら応援したい」と推し投資をしたいと思うようになったのです。

経営者の人となりという点では、ユニクロにも注目していました。創業者である柳井正氏の本を読んで「すばらしい経営者だ」と感じていたのです。しかも、私は日常的にユニクロの洋服を愛用しています。推し投資的には、投資をしない手はありません。実際に買ってみようかと思いましたが、アメリカに住みながら日本企業の株を買う手続きがあまりに煩雑で、結果的に投資を断念してしまいました。

いま振り返ると「もっと簡単に買える環境だったら、きっと投資していただろうに……」と少し後悔しています。

Netflixへの投資のきっかけも、いわば〝経営者推し〟でした。もともと私の妻がNetflixのドラマに夢中になっていたので興味を持ちはじめましたが、CEOのリード・ヘイスティングス氏について調べてみたところ、その経営手法に感心しました。

Netflixでは成果主義に基づいて「最高の人材には自由を与え、その代わりに結果には厳しく向き合う」という組織づくりをしており、それに大いに納得したのです。いわゆる大風呂敷を広げるタイプの経営者ではありませんが、合理性のある経営哲学に共感し、信頼に足る人物だと感じたのです。そうして調べるうちに「ここは応援する価値がある」と思い、実際に株を買いました。

私自身、投資を検討するときには、経営者の書いた本やインタビュー記事に目を通し、「どんな考え方やリーダーシップを発揮しているのか」を注意深く見るようにしています。

数字だけを見ても得られないその企業の本質や強みをつかむうえで、経営者の理念や人柄は不可欠だと思うからです。

もちろん、経営者に期待しすぎて痛い目に遭うリスクは否定できません。ビジョンや人柄に惚れ込みすぎて、赤字や市場の冷え込みを見落としてしまうケースもあるかもしれない。

それでも「人となりまで含めて信頼できる経営者の企業の株なら、たとえ短期的に業績が振るわなくても持ち続けたい」と思えます。また、長期スタンスが基本であるメタトレンド投資とも相性が良いと感じます。

だからこそ、「トップの考え方や価値観を推せるか」は大きなポイントとなるのです。

見限った株を買い戻す柔軟性も必要

私の〝推し投資人生〟において「一度は惚れ込んだ企業を嫌いになり、株をすべて手放したが、何かをきっかけにまた〝推し〟として戻ってくる」というケースも珍しくありません。

例えば私の場合、Meta（旧Facebook）の株を早い段階から保有していましたが、同社が2021年にメタバース事業に注力する姿勢を示したのを機に、すべて売却しました。CEOのマーク・ザッカーバーグ氏のビジョンが、私の考えるメタトレンドや推し投資の方針と大きくズレたように思えたからです。シンプルに言えば、「これはうまくいかない」と感じたのです。

実際に、Metaのメタバース構想に対して投資家たちの懸念は高まっていきました。2022年のReality Labs（リアリティ・ラボ：Metaのメタバース部門）の営業損失は137億ドルに達しました。株価も2022年の1年間で64％下落。この状況を受け、Metaは戦略の見直しを迫られることになりました。

その後、Metaはメタバース路線への固執をいったん緩め、ＡＩ分野への積極的なアプローチを打ち出しはじめます。２０２３年2月には「Llama（ラマ：Large Language Model Meta AI）」という大規模言語モデルを発表。さらに同年7月には「Llama2」がオープンソース（無償で一般公開）で公開されました。


特にこのオープンソース化の動きには目を見張るものがありました。大規模言語モデルを研究者やデベロッパーに広く公開することで、ＡＩの発展を加速させる狙いが見て取れたからです。オープンソース、つまり誰でも使える状態にすることで、いわば「ＡＩの民主化」を先導したのです。

また、オープンソース化によって、Metaを中心としたＡＩ開発のシステムが普及するきっかけになります。これによってOpenAIやGoogleが先行するＡＩ市場において、独自のポジションを確立しやすくもなりました。

そして、それまでは取《と》り憑《つ》かれたようにメタバース関連の発言が多かったザッカーバーグ氏も、次第にＡＩの重要性を打ち出すようになったことも好印象になりました。

メタバースからAIに軸足を移し、私の推し目線に合致しはじめた今のMetaは、いったん気持ちが離れた私をもう一度引きつけるに足る企業になった、と言えるでしょう。そして、そこからMetaの株を再び買うことになったのです。

推し投資ではこうした柔軟性があってもいいと思っています。推したい気持ちがなくなったら見限るのも選択肢ですし、企業の戦略やビジョンが変化してあらためて推せると判断したら、再び投資対象にするのも大いにありです。いわば〝元の鞘《さや》に収まる〟ことを躊躇《ちゅうちょ》する必要はありません。

大切なのは「その時点で推せるかどうか」であって、過去に売却したからといって、今後もずっと否定する必要はありません。

「メタトレンド＋推し」が最強の投資法

メタトレンド投資には、「業界全体が伸びるため、その波に乗るだけでもそれなりのリターンを期待できる」という強みがあります。

ただし、そのなかで10倍や100倍に大化けする特定の企業をピンポイントで狙うのはまた別の話です。メタトレンドを把握していても、大化けする企業を外すことは十分考えられます。


そこで、具体的な企業選びにおいて役立つのが推し投資のアプローチです。

推し投資では、ファンやマニアならではの情熱と知識量、あるいは現場の肌感覚や直感がアドバンテージになります。

プロのアナリストは広く浅く、多くの銘柄を追わなければいけませんが、推し投資家は好きな企業や業種を深く深く掘り下げることができます。「好きだから、努力を努力と思わない」状態で知識や情報がアップデートされ、しかもちょっとした動きにも素早く気づけるわけです。


また、メタトレンド投資は基本的に長期保有が前提になります。10年単位の大きな時代の変化に乗るわけですから、短期的に株価が乱高下する場面は珍しくありません。

しかし、推しとして好きになった企業であれば、一時的に業績が落ち込んだり、市場全体が混乱したりしても、「まだまだこれから」「ここが正念場だ」と踏ん張って株を持ち続けやすいでしょう。これはアイドルを下積み時代から推しているファンが、バッシングや人気の落ち込みに直面しても簡単には見放さないのと同じ構図です。

応援している企業なら、ネガティブな報道や決算の一時的な落ち込みにも耐え、「まだこの会社は伸びるポテンシャルを持っているはずだ」と腰を据えて持ち続けられます。

もちろん、いくらメタトレンドを分析し、強い思い入れをもって推し投資をしていても、すべてうまくいくとはかぎりません。メタトレンドだと思われた業界が、新しいテクノロジーの登場によって失速してしまうこともありますし、期待した企業が思わぬ不祥事を起こしてしまう可能性も否定できません。

しかし、トータルで見れば、「社会の大きな変化（メタトレンド投資）」と、「好きだからこそ深く知り、長く持ちやすい（推し投資）」の組み合わせはかなり強力です。そしてこの2つを掛け合わせることで「業界全体の成長＋個別企業の爆発的な成長」を同時に狙うことも十分可能だからです。

「メタトレンド×、推し○」はさすがに厳しい

第1章でもお伝えしたとおり、メタトレンド投資だけを押さえておけば業界全体の成長による株価の底上げが期待できます。

仮に10倍や100倍に大化けする本命を的中させられなくても、2倍や5倍といった成長を取りこぼしにくいのが利点です。

ところが、メタトレンドをまったく無視して推し投資だけに注力してしまうと、さすがに厳しい状況になるでしょう。

いくら大好きな企業だとしても、その産業全体が縮小傾向にあるなら、株価の上昇には期待しにくいからです。

例えば世界中でEVへのシフトが進みつつあるなか「古き良き爆音ガソリンエンジン車」にこだわるメーカーを推しても、業界全体の流れが後ろ向きである以上、伸びしろは期待できません。

むしろ、業界全体が衰退する方向に向かっていれば、株価が大きく下落するリスクも考えられます。

メタトレンドの大きなうねりに逆行する企業を応援し続けるのは、投資家としてもハイリスクだといえるでしょう。

推し投資のデメリット

ここまでお伝えしたように推し投資にはたくさんのメリットがあります。

デメリットはなかなか思い浮かびませんが、あえて挙げるとするならば「愛着が湧きすぎて株を売りづらくなる」という点でしょうか。

まだ「推し」と呼べるほど惚れ込んでいない企業ならば、1年、2年と持ち続けてパッとしなかったり、確信が持てなければ躊躇なく手放すことができます。関係性が浅く、見切りがつけやすいのです。

ところが、心から気に入った推し企業となると、株価が上がったり、含み益が大きくなったりしてもどうしても手放しにくくなります。

私の場合、Tesla や NVIDIA、Apple がその代表例です。すでにいつ売っても十分な利益を確定できるにもかかわらず、なかなか売却に踏み切れません。

「手のかかる息子」が、いい大人になっても可愛くて仕方ないようなもの。投資の世界では「情に流されるべきではない」と言われますが、推し投資には推しすぎるがゆえに客観性を失い、冷静な判断が難しくなりがちなのです。

シビアな判断がしづらくなるため、例えば株価が下落する局面では「損切り」がしづらくなるでしょう。

しかし、それも裏を返せば「長期保有しやすい」とも言えます。一時的に株価が下落しても、「まだ応援したい」という気持ちが支えとなり、簡単に手放さずに持ち続けられる。**結果として、業績や株価が復活するのをじっと待つことができ、その粘り強さがのちのち報われるケースもあります。**

ただし、TeslaやNVIDIA、Appleといった大幅に値上がりした推し銘柄はさっさと売って、別の株に投資しなおしたほうが、長期的にはもっと大きなリターンを得ていた可能性は否定できません。愛着が強いからこそ、機会損失が発生するかもしれない。

それでも私は、推し投資を続けてきて後悔はありませんし、今後も続けていきます。愛着が湧いて、株を売りづらくなるというリスクはあるものの、私にとってはデメリットというほどではなく、それ以上の楽しさとやりがい、充実感とワクワク感をもたらしてくれるからです。私にとって人生を豊かにする、かけがえのないライフワークと言えるでしょう。

第4章

投資判断のソース

数字

赤字企業の場合、「あと何年持つか」をまずチェック

私はファンダメンタルズ分析は行いませんが、投資してみようと思った企業のファンダメンタルズ（財務状況・経営状況などのデータ）は、最低限確認するようにしています。とはいえ、難しい分析はせず、必要最低限の数字をざっと見るだけです。

具体的には、赤字企業であれば「手元資金（現金や換金しやすい資産）があと何年持つか」、黒字企業であれば「ＰＥＲ（株価収益率）」をチェックします。

将来、飛躍的な成長が期待されるベンチャー企業は、赤字経営を続けているケースが少なくありません。むしろ、リスクが高いからこそ、成功した際のリターンも大きくなるわけで、今後、株価が10倍、１００倍に大化けする可能性を秘めた企業に投資をしたいと考

えるならば、必然的に赤字経営の企業に遭遇《そうぐう》する機会が多くなります。

実際、かつてのTeslaも毎期のように赤字を計上し、「来月には経営破綻するかもしれない」とまで揶揄《やゆ》されていました。しかし、上手に追加の資金調達（イーロン・マスク自身のお金も含む）を繰り返し、「Model 3」の生産を軌道に乗せることにより、無事に倒産の危機を乗り越え、いまや世界有数の時価総額を誇る企業へと大成長を遂げました。

とうぜんながら、赤字経営が長期間続き、手元資金が底をつけば、倒産は避けられません。いくらメタトレンドに乗って将来大きく成長する可能性がある企業でも、倒産すれば元も子もありません。

加えて、特にベンチャー企業の世界では、事業が軌道に乗る前に、資金がショートし、あっけなく倒産してしまうことは決して珍しいことではないのです。

ただし、赤字企業であっても、潤沢な手元資金が残っていれば、すぐに倒産することはありません。そこで、まずは企業の「貸借対照表（バランスシート）」から「現金及び現金同等物」の項目を探し、手元資金の残高を確認します。

次に「損益計算書（P／L）」で直近1年間の最終損益（赤字額）を把握。そして「手元資金」を直近の「最終損益（赤字額）」で割ることで、現在の資金があと何年で尽きるのかを割り出します。このとき厳密に算出する必要はありません。あくまで目安として使用するため、大まかな数字で大丈夫です。

アメリカの企業であれば、日本における有価証券報告書に相当する年次報告書「Form 10-K」で、これらの情報を確認できます。

私はひとつの目安として「この企業は、現在の資金で最低3年間は持つかどうか」を見ています。 3年間の猶予があれば、その間に追加の資金調達やビジネスモデルの再構築、あるいはピボット（事業内容の大幅な方向転換）を行えるからです。その間に、経営を立て直し、黒字転換を実現できる可能性は十分あります。

逆に、あと1年すら持たないような状況であれば、倒産のリスクがきわめて高い状態であり、私にはそのようなリスクの高い企業に投資する勇気はありません。

私が倒産のリスクを承知のうえで、あえて赤字企業への投資を検討するのは「将来的に大きく伸びる可能性があるから」という理由です。ただし、その際には「資金が枯渇《こかつ》し、倒産するリスクはないか」という点を絶対に確認します。

「赤字」ではあるものの、「大きな伸びしろ」を秘めた企業を選ぶ際には「最低でも、向こう3年間は、倒産せずに走り続けられる資金的な体力があるか」を必ず見極めるようにしましょう。

このワンステップを踏むだけで、赤字企業への投資で、致命的な損失を被《こうむ》るリスクを大幅に軽減できるはずです。

黒字企業は「PER」と「成長性」を見る

すでに黒字化を達成し、安定的に利益を生み出している企業の場合、投資を検討する際に確認するのは「PER」と「成長性」です。

PERとは、企業の1株あたりの利益に対して、現在の株価が何倍の水準にあるかを示す指標です。これは、市場がその企業の将来の利益成長をどの程度評価しているかを表す、ひとつのバロメーターと言えます。

一般的に、日本の上場企業全体の平均ＰＥＲは15倍程度と言われており、ＰＥＲが15倍未満であれば「割安」、15倍以上であれば「割高」と判断されることがひとつの基準となっています。

私自身は、ＰＥＲの目安として「20倍」をひとつの基準としています。ＰＥＲが20倍ということは、現在の利益の20年ぶんが今の株価に織り込まれている計算になります。これを利回りに換算すると、年利約５％に相当します。

つまり、毎年５％の利益成長が、少なくとも20年間は続くと市場が予測していると解釈できます。

そのため、ある程度経営が安定している企業であれば、「毎年５％程度のリターンは期待できるだろう」と考える、ひとつの目安になるのです。**この程度のＰＥＲであれば、現在の株価は、利益に対して妥当な水準と判断できるでしょう。**

一方、なかにはＰＥＲが50倍や１００倍といった、やたらと高い水準になっている企業も存在します。

このような企業は「将来の急激な成長が期待され、それが株価に織り込まれている」と解釈することもできます。しかし、現在の利益水準と比較すれば、明らかに割高と言わざるを得ません。

このような高ＰＥＲ企業に投資する場合は、その成長率や将来性を慎重に見極め、本当にその株価に見合うだけの持続的な成長が見込めるのかをチェックする必要があります。

特に、企業規模が大きく、売上高も安定し、すでに大きな市場シェアを獲得しているのにＰＥＲが高い企業は注意が必要です。その高いＰＥＲは、市場の期待が過熱し、企業の実力以上に株価が上がっている可能性が高いからです。私はこういった企業への投資を基本的に避けるようにしています。

例外はAmazonでした。「Amazonは利益を出さない」という都市伝説がまことしやかに囁かれていたことをご存じでしょうか。

ドットコムバブル崩壊後も、Amazonは売上を伸ばし続けました。一方で、赤字決算、あるいは黒字であってもごくわずかな利益しか計上しない時期が、長期間にわたって継続していたのです。

これは、当時のCEOジェフ・ベゾス氏の明確な経営戦略に基づくものでした。ベゾス氏は目先の利益を追求するのではなく、将来の成長のために利益を抑えてでも、物流網の構築やクラウド事業（AWS）などのインフラ投資、そして新規事業への投資を積極的に行うことを選んだのです。

その結果、AmazonのPERは長期にわたって異常に高く見えていましたが、私は「将来の売上拡大や、サービス価値の向上によって、いずれ大きな利益を生み出すだろう」と判断し、進んで投資をしていました。

Amazonは特殊な例ですが、この事例が示唆《しさ》するのは、たとえPERが50倍や100倍といった高い水準であっても、その企業の将来性に確信が持てれば、投資対象に加えられるということです。

逆に、PERが10倍を下回るほど低い場合は一見割安に見えますが、「なぜ市場はその企業の将来性をこれほどまでに低く評価しているのか」を確認する必要があるでしょう。

そもそも業界全体が衰退期にあるのか、経営陣が投資家から信頼されていないのか、あるいは、市場がその企業の成長性にまったく期待していないのか……。PERが低い理由を調べ、「市場が誤って低く評価しているだけ」という明確な根拠が見つからないかぎり、安易に飛びつくべきではありません。

割安だからと安易に飛びつくと、価値の下落が続く「バリュー・トラップ」に陥り、思わぬ損失を被ることになりかねません。

重要なのはPERの数値そのものだけでなく、その企業の成長率とのバランスです。Amazonのような例外的なケースもありますし、急成長中のベンチャー企業であれば、PERが50倍、100倍であっても、将来の成長性によっては、十分に正当化されることもあります。

一方、成熟した産業で、安定した経営を続けている企業であれば、PERは20倍程度に収まっているほうが安心感があります。

そういう意味では「安定性」と「成長性」を兼ね備えた優良企業であるにもかかわらず、PERが市場平均より低い企業は、大きな「伸びしろ」があると言えるでしょう。

もちろん、ＲＯＥ（自己資本利益率）やＦＣＦ（フリーキャッシュフロー）など、企業の財務状況や収益性、成長性を測る指標は数多く存在します。しかし、最初からそれらすべてを追いかけても、情報過多で混乱してしまうだけでしょう。
また、いくら詳細な分析を行ったところで、未来を正確に予測することは誰にもできません。私自身、投資判断の際に、そこまで細かい数字をチェックしているわけではありません。

このように、ごく基本的な数字を確認するだけでも、倒産リスクの高い「地雷」企業や、将来性に見合わない割高な企業をある程度避けることができるのです。

徹底的な競合分析はいらない

私は投資判断において、ライバル企業の動向をそれほど重視していません。

たとえば、Teslaへの投資を検討するなら「EV業界の競合であるBYDやフォード、GMなどの経営状況や戦略を詳細にリストアップし、比較検討する」というアプローチが一般的な投資のセオリーかもしれません。

もちろん、競合他社の分析を行うこと自体は、投資判断の精度を高めるうえで有効な手段のひとつであることは間違いありません。**しかし「推し投資」においては、投資判断の出発点が根本的に異なるのです。**

「Teslaを例に挙げれば、「この会社は自動車業界に革命を起こす、とんでもない可能性を秘めている！」と直感的に心が動かされたことが投資の最大の動機です。詳細な財務データや市場分析に目を通す前に「これはもう買うしかない」という、ある種の高揚感に突き動かされてしまうのです。

もちろん、「恋は盲目」と言われるように「推し企業」に入れ込みすぎてしまうと、冷静な判断力を失い、投資判断を誤るリスクが生じます。そのため、私は「念のため、ライバル企業の状況も大まかに確認しておこう」というスタンスを取っています。

ただし、この競合分析は「A社とB社の経営指標や戦略を徹底的に比較検討し、どちらが投資対象として優れているかを厳密に評価する」といった、網羅的で詳細な分析ではありません。

例えば、もし私が注目している企業の手元資金や赤字額を、競合他社とざっくりと比較してみる程度。そこで推し企業の赤字額が他社と比べて突出して大きいという事実が判明すれば、さすがに「この企業への投資は、想定以上にリスクが高いかもしれない。一度、冷静に再考する必要がある」と感じるでしょう。

逆に、「推し企業」のみが大型の資金調達に成功し、潤沢な資金を元手に、他社をしのぐスピードで、着実に研究開発を進めていることがわかれば、「やはり自分の当初の直感、見立ては、そう的外れではなかった」と安心し、推しへの確信をさらに深めることになります。

つまり私にとっての競合分析とは、数字や市場シェアを機械的に比較し、投資の優劣を決めることが目的ではありません。

あくまでも「自分の推し企業への情熱は、一方的な思い込みではないのか」「熱狂する

あまり、冷静な判断力、客観的な視点を失ってはいないか」といった点を客観的に確認するための、「保険」のような役割を果たしています。

私はファンドの運用成績を競う「数字好きのアナリスト」ではなく、推し企業の成長と成功を心から願う「投資家」です。

そのため、どうしても推しへの熱量が先行し、客観的な視点を失いがちになりやすい。

だからこそ、空回りしていないか、冷静な視点を意識的に持つようにしているのです。

数値化できない実体験データが決め手

手元資金やPERといった客観的なデータに基づく分析は、投資判断において非常に重要です。

しかし、私はそれと同時に「実際に製品やサービスを使ってみる」「自分の五感で体験してみる」こともきわめて重要だと考えています。

実際に製品やサービスに触れ、ユーザーとして利用することでしか得られない情報があります。リアルな使用感や、使ってみて初めて気づく隠れた課題というものが必ず存在するからです。

それは、企業のウェブサイトに記載されている製品スペックや、IR資料で公開されている財務データだけでは決してわかりません。

逆に、公式情報だけではわからない、圧倒的な快適さや、ユーザーを惹きつける魅力を実感し、「この製品・サービスは、大化けする可能性を秘めている」と確信を深めることもあるでしょう。

最近の事例では、2024年に日本のスタートアップ「ダイニー」が約74・6億円もの資金調達を実施したというニュースが話題となりました。ダイニーは、飲食店向けにQRコードを活用した、モバイルオーダーシステムを開発・提供している企業です。

中国では、レストランのテーブルに設置されたQRコードをスマートフォンで読み取り、メニューの閲覧から注文、決済までをシームレスに完了できる仕組みが、すでに広く普及しています。人手不足に悩まされる日本の飲食店でも、同様のシステムが普及する可能性は非常に高く、むしろ今まで普及していなかったことのほうが不思議なくらいでしょう。そのため、ダイニーは、私にとって非常に気になる存在のひとつです。

今後、ダイニーが株式上場することになり、私も本格的に投資を検討するとなると、まずはそのモバイルオーダーシステムを導入している飲食店に足を運び、実際に客としてサービスを体験してみるでしょう。

そのシステムによって「客と店員との間のコミュニケーションがどのように変化するのか」「注文はスムーズに、正確にできるのか」「決済方法はわかりやすく、手軽に操作できるのか」など、実際にユーザーとして利用してみることで初めて見えてくる、重要なポイントが数多くあるはずです。

特に、ITサービスにおいては、UI（ユーザーインターフェイス）やUX（ユーザーエクスペリエンス）の良し悪しが、サービスの普及、ひいては企業の成長を大きく左右すると言っても過言ではありません。どんなに革新的な技術を用いて、優れた機能を備えたサービスを開発したとしても、一般ユーザーが「使いづらい」「わかりにくい」と感じてしまえば、サービスの普及や長期的な成長は難しくなります。

だからこそ、「実際にユーザーは、そのサービスをストレスなく使いこなせているのか」「本当に便利だと感じ、継続的に利用したいと思えるのか」などといった点を、投資家自身が顧客の視点に立って現場で体験してみるのです。

実際、私がTesla株の投資を決断したのも「Model X」への試乗がきっかけでした。ウェブサイトやクチコミ情報だけではわからない圧倒的な加速感や、先進的なＵＩの魅力を試乗で体感した瞬間、「これはすごい！」と確信し、購入や投資へと結びついたのです。

ダイニーのような飲食店の注文システムであれば、数百円から数千円の費用で、気軽に試すことができます。

また、ある程度の金額の商品であっても、その企業に投資するかを検討しているなら実際に購入して試してみる価値はあるでしょう。もし、購入した商品が自分に合わないと判断したら、フリマアプリなどを活用し、中古品として売却することも可能です。

EVなどの高額商品であれば、いきなり購入せずとも、まずは試乗してみるのが良いでしょう。

投資家自身が実際に自分の目で見て、触れて、体験すること。実際に使ってみることで、数字のデータだけでは見落としがちな企業や製品・サービスの真の姿、そして将来性を理解できるようになります。

数十万円、数百万円単位で投資を検討しているのであれば、数千円、数万円程度の出費は、将来の大きなリターンを得るための必要経費と言えます。

可能なかぎり、投資先企業に関連する実際の製品やサービスに触れ、ユーザーとしての実体験を積む。「百聞は一見に如かず」、この言葉は投資の世界でも真実なのです。

「カリスマ性」とは？

優れた経営者の中には「カリスマ性がある」と評される人物が存在します。では、その「カリスマ性」とは、具体的にどのような能力を指すのでしょうか。

私が考えるに、それは「現実歪曲空間を生み出す能力」だと思っています。

「現実歪曲空間」という言葉は、もともとスティーブ・ジョブズに見られる特異な才能を表現するために造られました。考案したのは初期のMac（マッキントッシュ）開発チームの主要メンバーであったアンディ・ハーツフェルド氏だと言われています。彼によれば、ジョブズは周囲の人間に対して、まるで〝現実そのものが歪《ゆが》んだかのような〟錯覚を与えるほどの強烈な影響力を持っていたというのです。

実際、ジョブズの話を聞いたエンジニアや投資家、ユーザーたちは「不可能だと思っていたことが、なんだか実現できそうな気がする」と思い込んでしまう。そしていつの間にか根拠のない自信、そして抗いがたい希望を抱き、ジョブズの創り出す「歪んだ現実空間」に巻き込まれていきました。言い換えれば、人々の認識や常識を覆すほどに、未来への可能性を強烈に訴えかける力。**そして、それは単なる話術やプレゼンテーションの上手さを超越し、「この人になら、不可能を可能にする力がある」と周囲の人間に思わせる、圧倒的な説得力の総体と言えます。**

こうした現実そのものが歪んだかのような空間が形成されると、優秀なエンジニアや投資家、さらには世界中のメディアまでもが惹きつけられ、次第に「この経営者と一緒なら、従来の常識を破る新しい未来を描けるのではないか」という大きな期待と熱狂が生まれます。**そして、その熱狂こそが不可能を可能へと近づける、大きなエネルギーとなるのです。**ジョブズのためにこの言葉が作られたことからもわかるように、彼は現実歪曲空間を創り出す天才でした。

彼が持つ、聴衆を惹きつけてやまない卓越したプレゼンテーション能力と、「一切の妥協を許さない、細部まで徹底的にこだわり抜かれた製品への情熱」が多くの優秀なエンジニア、才能あふれるデザイナー、そして慧眼《けいがん》の投資家たちを惹きつけました。

その結果が、Mac の世界的な大ヒットや、iPhone による通信業界、ひいては人々のライフスタイルの大変革へとつながったのです。

Mac はコンピューターの操作概念を変革し、iPhone は通信業界を根底からひっくり返し、世界中の人々のライフスタイルまで一変させました。こうした壮大な成果を見ると、ジョブズがいかに「現実を歪める」ほどの魔力を持っていたかを再認識させられます。

現代のカリスマ経営者としては、イーロン・マスク氏の名を外すことはできません。彼は「2050年までに100万人を火星に移住させる」という途方もないビジョンを掲げています。普通なら「そんな話、冗談に決まっている」「いずれ頓挫《とんざ》するだろう」と思われるような大風呂敷です。

しかし、彼が真剣な眼差しで熱意を込めて語ると、なぜかそれがとうぜんの未来であるかのように思えてくるから不思議です。**本来なら一笑に付されるような壮大すぎる目標も、聞く人に「もしかしたら、実現するかもしれない」と本気で信じ込ませてしまう。こ**

これこそが「現実歪曲空間」の創出です。

しかも、イーロン・マスクの場合、SpaceXでこれまで使い捨てであったロケットを回収し、そして再利用という偉業を実現しました。TeslaでもEV業界の先頭に立ちながら、EVシフトを現在進行形で巻き起こしています。

いずれも、従来の常識では「不可能だ」「時期尚早だ」と思われていたことを、次々と現実のものとしてきました。

その揺るぎない実績が彼の現実歪曲空間を生み出す能力、つまり「現実歪曲能力」をさらに強固なものとし、世界中から優秀な人材と莫大な資金を集める、強力な原動力になっているのです。

そして、この現実歪曲能力は、決して海外の天才経営者だけに備わった特別な力ではありません。

日本のソニーやホンダ（本田技研工業）が、まだ、小さな町工場のような存在だったころ。ソニーの創業者である盛田昭夫や井深大、そしてホンダ創業者の本田宗一郎は、当時の常識では無謀とも思える、壮大なビジョンを掲げていました。

ソニーであれば「世界中の誰もが知るグローバルブランドとなり、世界中の家庭にソニー製品を届ける」、ホンダであれば「世界一のレースで勝ち、世界最高峰の自動車・オートバイメーカーとなる」といった具合です。

こうした当時の人々から見れば常識外れとも言える壮大な夢に、多くの優秀な人材が共感し、資金が集まり、結果としてソニーやホンダは、世界的な企業へと飛躍的な成長を遂げました。

現代の日本でもソフトバンクグループの孫正義氏や、ファーストリテイリング（ユニクロ）の柳井正氏のように、強烈なカリスマ性を発揮し、一代で大企業を築き上げたリーダーが存在しています。

ベンチャー企業に欠かせない「現実歪曲能力」

現実歪曲空間を生み出す力、すなわち「現実歪曲能力」は、ベンチャー企業の飛躍的な成長を左右するきわめて重要な要素です。

ベンチャー企業にとって資金とは、いわば「血液」のようなもの。製品・サービスの開発や優秀な人材の採用、マーケティングなど、事業を軌道に乗せ、成長させていくためにはどうしても先立つもの、つまり「資金」が必要になります。

しかし、いくら革新的なアイデアや優れた技術を持っていたとしても、創業間もないベンチャー企業には、実績や信用が不足しています。金融機関から融資を受けるのも簡単ではありません。

そこで大きな役割を果たすのが、ベンチャーキャピタルやエンジェル投資家といった、いわゆる「プロの投資家」です。特にベンチャーキャピタルは、企業の事業計画や市場の将来性、競合優位性などを、プロの視点から厳しく審査し、大きな成長が見込めると判断した企業にのみ投資します。

一般的に、ベンチャー企業はまず数百万円から数千万円、場合によっては数億円規模の資金をベンチャーキャピタルやエンジェル投資家などから調達し、プロダクトやサービスのプロトタイプ開発、あるいは正式リリースを行います。

その後、「市場で実際にユーザーに利用され、受け入れられている」という実績を作り、さらなる大型の資金調達を実現し、事業を拡大していくのが典型的な成長プロセスです。

しかし、この成長プロセスは、決して容易な道のりではありません。

そもそも、新規事業が本当に成功するかどうかは、蓋《ふた》を開けてみるまで誰にも確約できないからです。開発した製品やサービスが、実際に市場に受け入れられるかどうかは、実際にリリースし、ユーザーの反応を見るまで確証は得られません。

加えて「その領域に本当にそもそもビジネスチャンスが存在するのか」という、市場自体の存在や可能性を、データや実績で客観的に証明することも非常に困難です。

つまり、ベンチャー企業の前には、事業そのものの不確実性、そして市場の不確実性という、2つの高くて分厚い壁が立ちはだかっているのです。

これらの壁を乗り越え、投資家たちからお金を集めるには、「自分たちはこの事業を通じて、世の中をこのように変革したいんだ」という揺るぎない信念と情熱、そしてそれを

周囲の人々に伝播させ、共感と協力を得る力が不可欠となります。

その点、現実歪曲能力に長《た》けたCEOは、たとえ現時点では実現困難と思われるような壮大なビジョンであっても、強烈な熱量と圧倒的な説得力を持って語り、周囲を巻き込んで実現に近づいていきます。

そして、そのようなリーダーの姿は、ベンチャーキャピタルやエンジェル投資家に「この経営者なら、このチームなら、困難を乗り越え、何か途轍もないことを成し遂げてくれるかもしれない」という大いなる期待を抱かせ、リスクを取ってでも投資する価値があると判断させるのです。

つまり、ベンチャーキャピタルのような投資家たちは、単なる事業計画書の数字や、机上の空論ではなく、経営者の「人となり」、そしてその「ビジョン」と「情熱」に投資するのです。

逆に、どれほど優れた事業アイデアを持っていたとしても、「何を成し遂げたいのか、そのビジョンや目的が不明瞭」「自身の言葉で、情熱を持ってビジョンを語ることができない」という経営者に対しては、ベンチャーキャピタルも投資に二の足を踏むでしょう。

言わば、ベンチャーの将来性は経営者の現実歪曲能力と、表裏一体で結びついているのです。

赤字ベンチャーこそ現実歪曲能力が欠かせない

「現実歪曲能力」は、特に赤字経営が続くベンチャー企業の経営者にこそ、より強く求められる能力です。

多くのベンチャー企業が、事業の初期段階において「赤字経営」という厳しい現実と向き合わなければなりません。ベンチャー企業が飛躍的な成長を実現するには、相応のリスクを取った、大きな先行投資が求められます。未来の成長の種となる最先端の研究開発に資金をつぎ込み、優秀な人材を集める。そして、製品やサービスを広く世の中に届けるための、効果的なマーケティングやプロモーション活動に資金を投入する。

つまり事業が軌道に乗り、十分な利益を生み出すまでに、どうしても赤字経営が続いてしまうことが珍しくないのです。

これは大きな成長を目指すベンチャー企業にとってある意味、避けては通れない宿命とも言えるでしょう。

しかし、その赤字は「将来の成長を生み出すための投資」であり、言い換えれば「将来の大きな飛躍のための準備段階」であるケースが多いのです。

その赤字期間を、いかにして乗り切るのか。具体的に言えば、いかにして投資家から資金を集め、事業を継続させるのか。そのとき、まさに現実歪曲能力が物を言うのです。

カリスマ経営者≒宗教家

圧倒的なカリスマ性を放つ経営者に対し、「まるで宗教家だ」と揶揄する声があります。

たしかに、カリスマ経営者と宗教家は「信じさせる力」を原動力とし、人々を導き、未来を創造するという点で驚くほど多くの共通点があります。

そもそも宗教とは何なのでしょうか。そして、なぜこれほどまでに長い歴史を通じて、多くの人々の心をつかみ、社会に影響を与え続けてきたのでしょうか。

その理由のひとつは「科学や論理では説明できない、人間の力では抗えない事象」に対して、人々に安心感や心の拠《よ》り所《どころ》を与えてきたからだと考えられます。

人間の力ではどうにもならない自然災害や疫病の流行などに対して、「神の力」や「霊的存在」といった超越的な概念を使い、人々の不安を和らげてきたのです。

例えば、「神の怒りが干ばつをもたらす」という考えは、裏を返せば「神に祈れば雨が降るかもしれない」という希望にもつながります。こうした藁《わら》にもすがる気持ちこそが宗教の根源的な部分であり、その長い歴史を支えてきた要因のひとつだと私は解釈しています。

もちろん現代社会では科学技術が目覚ましい発展を遂げ、自然災害の予知や対策、伝染病のメカニズムの解明など、かつて「神の領域」とされてきた事柄にも人間は手を伸ばしています。それにもかかわらず、なぜ人々は依然として宗教を必要とするのでしょうか。

人間は、不確実な未来や避けられない死といった、未知なるもの、自分ではコントロールできない事象に対して、本質的に強い不安を抱く生き物です。

例えば、キリスト教や仏教をはじめとする多くの宗教では、死後の世界について様々なかたちで説明しています。天国や極楽浄土、輪廻転生といった概念は、人々が抱く「死んだらどうなるのだろう」「死んだら、もう会えないのだろうか」という根源的な不安に対して、「安心」という名の拠り所を与えてくれています。

逆に「死後の世界など存在しない」「死んだら意識も消えて無になる。そして土に還るだけ」という、ある意味で現実的で冷徹な言葉は、多くの人々にとって受け入れがたいものです。人々は、そのような厳しい現実を直視したくないし、信じたくないのです。

まさに聖書にある「信じる者は救われる」という言葉は、宗教の本質を非常によく表していると言えるでしょう。

そして、この「信じる者は救われる」という構造は、ビジネスの世界、特にカリスマ経営者が率いる企業においても、非常によく似た形で機能するのです。

例えば、Apple のスティーブ・ジョブズは「テクノロジーで世界を変える」というビジョンを掲げ、Tesla のイーロン・マスクは「世界が持続可能エネルギーへ移行するスピードを加速させる」というミッションを標榜《ひょうぼう》しています。

これらの壮大なビジョンやミッションは、社員や顧客、投資家の心を強く惹きつけ、強烈な共感を呼び起こすのです。単なる企業のスローガンではなく、「信じる人々」にとっての行動指針や希望となっている点が、宗教の構造とよく似ています。

興味深いことに、iPhone や Tesla の自動車は個別のスペック、例えばスマートフォンのカメラ性能や、ＥＶの航続距離だけを見れば、必ずしも競合製品よりも圧倒的に優れているとはかぎりません。

しかし、実際にそれらの製品を手に取ってみると、あるいは運転してみると、そこには言葉では説明しがたい、ユーザーを惹きつけてやまない「何か」があることも確かです。

多くのユーザーが「Apple 製品には魂が込められている」「Tesla の自動車には、他のメーカーにはない未来を感じる」といった、一見すると非論理的とも思える表現で、その魅力を熱く語ろうとします。

それこそが、まさに「信じる者は救われる」という言葉が象徴する、ある種の良い意味で歪曲された現実、すなわち「現実歪曲空間」が、そこに存在している証拠なのです。

ユーザーは、単に製品の機能や性能だけでなく、その製品が持つストーリーや、企業が掲げるビジョン、「世界をより良くしたい」という企業の強い意志に共感し、価値を見出しているのです。

カリスマ経営者は、先見性や洞察力、実行力を兼ね備えた卓越したリーダーであることは間違いありません。

一方で、彼らを心酔レベルで支持する人々が集まることで、宗教に近い「熱狂的なコミュニティ」や「信仰」に近い状況が生まれるのも事実です。ジョブズの周囲に「現実歪曲空間」が存在したと言われるのは、そうした支持者の〝敬虔《けいけん》〟や〝盲信〟とも言える熱量を象徴しています。

Appleの熱狂的なファンが「Apple信者」と揶揄されることがありますが、これは彼らが企業や製品だけでなく、ジョブズの描くビジョンや価値観そのものを信奉している、ある意味で的確な表現と言えるでしょう。こうした「信じる力」を伴う熱狂が、宗教とカリスマ経営者で共通しているのです。

カリスマと詐欺師は紙一重

「カリスマ経営者」と呼ばれる人たちは、まるで宗教の教祖にも似た神秘的なオーラをまとい、常人には思いつかないような壮大なビジョンを語ります。聴く人を魅了し、高揚させる卓越した話術、そして圧倒的な求心力で、市場での確固たる地位を築き、投資家から巨額の資金を集めます。

しかし、その一方で、事業の初期段階においては、思い描くビジョンが実現した未来や、ビジネスの成果を客観的に証明することは困難です。それにもかかわらず、壮大なビジョンと巧みな話術を駆使して資金を集める姿は、見方によっては「詐欺師」と紙一重とも言えます。

この問題を考えるうえで、血液検査ベンチャー企業、Theranos（セラノス）の創業者、エリザベス・ホームズ氏の事例は、非常に示唆に富んでいます。彼女は「少量の血液で200種類以上の病気の診断が迅速かつ安価に実施できる」という革新的な医療技術を開発したと主張し、シリコンバレーの著名な投資家らから7億ドル以上もの資金を調達。その企業価値は一時90億ドルに達しました。

彼女は、トレードマークである黒のタートルネックを身にまとい、スティーブ・ジョブズを彷彿とさせる、力強く、説得力のあるプレゼンテーションで、自社の技術の優位性と将来性を熱烈に語りました。その強いカリスマ性と巧みな話術は、多くの人々を魅了し、大手ドラッグストア・チェーンであるWalgreens（ウォルグリーン）との大型パートナーシップ締結を実現するなど、まさに「現実歪曲空間」を生み出していたと言えるでしょう。

彼女の言葉を信じ、Theranosに投資した人々は、彼女が医療業界に革命をもたらす救世主となり、人類の健康と福祉に大きく貢献することを期待していました。

しかし、現実は彼女が語った夢物語とは大きく異なっていました。実際には、彼女が主張するような革新的な技術は存在せず、検査機器の開発は行き詰まり、検査結果の精度もきわめて低いものでした。

そして最終的に、投資家や提携先、そして患者を欺《あざむ》いていたことが明らかになり、彼女は詐欺罪で有罪判決を受け、禁錮11年の刑を言い渡されました。Theranosは2018年に解散しています。

もし、彼女が掲げた「少量の血液で200種類以上の病気を検査できる」というテクノロジーが本当に実現していれば、人類の医療の在り方を大きく変える、歴史的な偉業となっていたかもしれません。しかしそれを技術的、あるいは事業的に証明できなかったため、法的にはもちろんのこと、社会通念上も「詐欺」と断罪されてしまったのです。

エリザベス・ホームズ氏と対照的なのが、スティーブ・ジョブズです。彼は壮大なビジョンどおりに、実際に人々のライフスタイルを劇的に変える革新的な製品を次々と世に送り出し、Appleを時価総額世界最大級の企業へと成長させました。

しかし、仮にジョブズがMacを単なる夢物語、iPhoneを絵に描いた餅のまま終わらせていたら、どうなっていたでしょうか。彼が具体的な成果を示せず、多くの投資家や協力者、そしてユーザーの期待を裏切る結果となっていたら、エリザベス・ホームズ氏と同様に「詐欺師」と呼ばれ、厳しい批判に晒《さら》されていた可能性は否定できません。

ジョブズが「カリスマ経営者」として称賛されているのは、彼が壮大なビジョンを掲げるだけでなく、それを現実のものとし、多くの人々の生活を一変させたからです。

つまり、「未来はこうなる」「我々は世界を変える」と、どれだけ大きな風呂敷を広げ、周囲を熱狂させたとしても、それを実際に形にし、ビジネスとして成立させ、社会に価値を提供できたかどうかが、評価の分かれ目となるのです。

カリスマ経営者の現実歪曲能力は諸刃《もろは》の剣です。投資家にはこの「紙一重」の差を見極める、冷静な洞察力が求められます。「カリスマ」という幻想に惑わされず、その実態を見極める眼力を持つことが、投資で成功するためには不可欠なのです。

カリスマ性がもたらす光と影

現実歪曲能力の、ダークサイドの部分についてもう少し触れたいと思います。

シェアオフィス事業を展開するWeWork（ウィーワーク）が引き起こした、一時の熱狂とその後の急転直下の破綻劇は、カリスマ経営者が持つ現実歪曲能力の光と影、そしてその「魔力」と「危うさ」を如実に物語っています。

WeWorkは、創業者アダム・ニューマン氏の強烈なカリスマ性と、巧みに演出されたストーリーテリングに支えられ、当初は「単なるレンタルオフィス事業者ではなく、テクノロジーの力で人々にまったく新しい働き方、新しいコミュニティを提供する、次世代のプラットフォーマー」として注目を集めました。当時としては先進的で、華々しく、そして壮大なビジョンを掲げ、急速に事業を拡大していきました。

WeWorkは、一時期、コワーキングスペースの代名詞となり、Uber（ウーバー）やAirbnb（エアビーアンドビー）と並び、シェアリングエコノミーの旗手として、時代の寵児《ちょうじ》ともてはやされました。

特に、孫正義氏が率いるソフトバンクグループはWeWorkの将来性に並外れた大きな期待を寄せ、累計で185億ドル（約2兆円）というベンチャー企業への投資としては他に類を見ないほどの巨額の資金を投じました。

2019年1月には、時価総額が一時470億ドル（約7兆円）にまで到達し、新規株式公開（IPO）への期待が、かつてないほどに膨らんでいました。

しかし、2019年に予定されていたIPOに向け、事業内容や財務情報の詳細な開示が求められる段階になると、WeWorkの内実が徐々に明らかになり、それまで同社に熱狂していた投資家たちは、徐々に現実に引き戻され、熱狂から醒《さ》めていきました。

詳細な財務状況を精査するうちに、2018年の赤字額は約2000億円、さらに2019年上半期の純損失は約980億円にものぼることが明らかになりました。これにより時価総額は、たちまち約2兆円にまで暴落してしまったのです。

そもそもレンタルオフィス事業の本質は、不動産オーナーから長期契約で借り受けたオフィススペースを、利用者に対してより短い期間で再貸し出しする、いわゆる「又貸し」に近いビジネスモデルです。このビジネスモデル自体は決して目新しいものではなく、従来のレンタルオフィス事業者も採用している手法です。そしてその利益率はかなり低く、IT企業やソフトウェア企業のように爆発的に成長し続けるモデルとは根本的に異なります。

それにもかかわらず、ニューマン氏はWeWorkをあたかもソフトウェア業界のＳａａＳ（クラウド上で提供され、利用者はインターネット経由でソフトウェアを利用できるサービス形態）ビジネスのように、高成長かつ高収益なビジネスとして運営できると周囲にも言葉巧みに喧伝していたのです。そうして〝テクノロジー企業としての過大評価〟が織り込まれた結果、ＩＰＯ前の評価額は実に4兆～5兆円とされていました。

さらにニューマン氏のガバナンス面での問題も次々と明るみに出ます。ニューマン氏が自身で保有する物件をWeWorkにリースしていたことや、創業者であるニューマン氏ら2人が事前に取得していた「We」という商標をWeWorkに600万ドル（約6億4000万円）で売りつけていたという事実が相次いで発覚。利益相反や会社資金の私的流用とも取れる不透明かつ不適切な資金の流れとして、ニューマン氏は大きな批判を受けました。

ＩＰＯ直前になって投資家たちは、ようやく現実歪曲能力の催眠から目を覚まし、WeWorkの実態に気づきはじめたのです。

そして最終的にはＩＰＯの中止という事態に至ります。結局、WeWork はソフトバンクグループに救済を求めるかたちとなり、ソフトバンクがさらに大量の資金を投入して経営を立て直す代わりに、ニューマン氏はＣＥＯを退任。

当のニューマン氏は、１０００億円を超えるとも言われる手切れ金（創業者株への対価を含む）を受け取って経営から離れ、アメリカのメディアでは「ひとり勝ちで逃げ切った」と報道されたほどです。

ソフトバンクが投じたトータル2兆円近い資金が回収できる見込みは今後も薄く、孫正義氏も WeWork への投資は「私の人生の汚点」だと発言しています。

この一件から、ニューマン氏に対する評価は現在も大きく分かれています。「稀代《きたい》の詐欺師だ」という痛烈な批判もあります。

しかし、私は「彼は本物のカリスマ経営者」だったと考えています。たしかに、彼の経営手法にはモラル的に問題のある部分も多く、結果として多くのステークホルダーに損害を与えたことは事実です。

とはいえ彼自身が WeWork の掲げるビジョン、すなわち「新しい働き方を世界に提供

する」という理想を心の底から信じ、その実現に向けて誰よりも情熱を持ち、猛烈に突き進んでいたこともまた事実でしょう。

孫正義氏はニューマン氏に出会ってわずか12分で投資することを決めたというエピソードがあります。百戦錬磨の投資家であるあの孫正義氏をそこまで魅了し、その気にさせたのです。その意味では、彼はスティーブ・ジョブズやイーロン・マスクと並ぶ、強力な現実歪曲空間を生み出すことのできる稀有《けう》な存在だったと言えます。

右脳と左脳で「本物のカリスマ」を見抜く

掲げたビジョンや構想を本当に実現できる経営者はほんの一握りしかいません。

私の経験則では、まず壮大なビジョンを掲げる「大風呂敷」を広げるタイプの経営者が100人に1人くらい。その中から「広げた大風呂敷を有言実行で本当に実現してしまう」真のカリスマはさらに10人に1人くらいです。**つまり〝ホンモノ〟のカリスマ経営者は1000人に1人程度でしょう。**

そしてカリスマ経営者と単なる「ほら吹き」との境界線はきわめて曖昧《あいまい》です。一歩間違えれば、巧みな言葉に惑わされ、大きな損失を被る危険性すらあります。

どんなに魅力的なビジョンを打ち出しても、それを実行する力が伴わなければ、それは絵に描いた巨大な餅にすぎません。大きな風呂敷を広げるのはある意味、誰にでもできます。しかし「それをどうやって達成するのか」「具体的な計画はあるのか」がまったく示されていなければ、投資家は安心して資金を託すことはできないでしょう。

では投資家は、どのようにして経営者の掲げる壮大なビジョン、そしてその経営者の資質や実行力を、冷静かつ客観的に見極めればよいのでしょうか？

その秘訣は、論理的な思考で情報を分析する「左脳」と、感覚や直感を司《つかさど》る「右脳」、その両方をバランスよく働かせることだと思います。

まず「左脳」による分析、つまり論理的思考においては、経営者のそのビジョンの「具体性」を見極めましょう。

どんなに壮大で魅力的なミッションや将来像を掲げていたとしても、それを実現するための具体的な戦略、実行計画、そしてマイルストーン（中間目標）が示されていなければ、「本当に実現できるのだろうか？」という疑念を払拭《ふっしょく》することはできません。逆に、それらが明示されているなら投資対象として基準をクリアしていると考えていいでしょう。

例えばTeslaは2006年、「テスラモーターズ秘密のマスタープラン（The Secret Tesla Motors Master Plan）」と呼ばれる長期戦略を発表しました。EVのようなまったく新しい技術を開発するためには多額の資金がかかります。そのため、初期段階ではどうしても、1台当たりの製造コストが高額になってしまうのです。

したがってTeslaはまず、そのコスト高を吸収できる購買力のある富裕層をターゲットに据えました。具体的には「Roadster（ロードスター）」というハイエンドのスポーツカーを最初のモデルとして市場に投入します。そしてできるだけ早期にコストを回収し、量産効果によるコストダウンを実現し、2番目の車種としてスポーティーな4ドアのファミリーカー（Model S、Model X）を、さらに3番目の車種としてより安価な大衆型モデル（Model 3）を発売するというものでした。

これらの戦略には、明確で一貫した実現可能性の高いロジックがありました。彼らは単に夢物語を語るだけでなく、「どのようにしてその夢を実現するのか」という具体的な道筋を示していたからこそ、多くの投資家が「この計画ならひょっとすると本当に実現できるかもしれない」と期待を寄せ、資金を投じることができたのです。

次に注目すべきは「経営者が過去に何かを成し遂げた実績を持っているか」という点です。過去の実績は、未来の成功を保証するものではありません。しかし過去の成功体験はその人物の能力や実行力を示す、ひとつの信頼できる指標となります。

例えば、スティーブ・ジョブズは「Apple II（アップルツー）」や「Mac（マッキントッシュ）」といった革新的な製品を生み出し、「iMac」を投入して倒産寸前だったAppleを見事に再建しました。

イーロン・マスク氏はオンライン決済サービス「PayPal」を成功させた実績を引っ提げ、「Tesla」や「SpaceX」といった、まったく新しい分野へと果敢に挑戦していきました。

このような数値目標や過去の実績といった論理的で、客観的な実績やデータ（左脳）に

加え、私は「どこまでその企業のビジョンや、経営者の言葉に腹落ちできるか」という直感や感性（右脳）も非常に大切にしています。

例えば、初めてそのCEOの顔や髪型を見た瞬間に「なんだか信用できない」と感じ、投資を見送ることがあります。髪が乱れていて清潔感に欠ける印象であったり、表情や話し方に誠実さが感じられなかったりすると、その時点で大きな違和感を抱いてしまうのです。もっと言えば、「この人はハードシングス、つまり厳しい局面を乗り越えるだけの気概や覚悟があるのだろうか」と不安になるのです。

もちろん、「髪型が気に食わない」という一見、些細《ささい》で非論理的な理由だけで判断できるほど、投資や企業経営の世界は単純ではありません。**しかし、不思議とCEOの身なりや姿勢、態度や言葉の選び方には「どの程度、自信と誠実さを持ってこの企業を導くつもりなのか」が表れやすいと感じています。**

その点、イーロン・マスクのインタビュー動画を初めて見たときには独特のオーラ、カリスマ性を感じ、この人なら信頼できると直感的に確信しました。

一方、まったく別の企業のCEOの動画を見たときには「やたらと『世界を変える』と大言壮語《たいげんそうご》している割には説得力に欠け、なんだか信用できないな」と感じることもありました。そうした違和感を覚えたら、どうしても投資に慎重にならざるを得ません。

カリスマ経営者は、時に宗教家にも喩《たと》えられるほどの強烈な魅力を放ちます。そして一度その魅力にハマってしまうと、なかなか抜け出せなくなる人もいるでしょう。

そうした悲劇を避けるためにも、「左脳」で得られた情報と、「右脳」で感じ取った直感、その両方を駆使して総合的に判断するようにしています。

CEOのスピーチ動画を見よう

私が気になった企業へ投資するか検討する際、例外なくCEOの「生の声」に触れるようにしています。

なぜそこまで経営者にこだわるのか。それは企業の運命を最終的に左右するのは、ほかならぬトップの判断だからです。どれほど優秀な役員や従業員がいようとも、最終的な決定権を持ち、企業の方向性を決めるのはCEOにほかなりません。

財務諸表上の数字やデータは、会計処理の方法や事業フェーズ、外部環境によっていかようにも変動します。

しかし、トップのカリスマ性や経営哲学、価値観、そして人柄は、そう簡単には変わらないものです。経営者が何を信条とし、どんな未来像を描いているのか。経営者のことを理解していないことは、その企業の本質を理解していないのと同じです。CEOの人物像がまったく見えてこない企業には安心して資金を託すことができないのです。

私が毎週配信しているメルマガでも、企業分析を行う際にはアナリストの分析記事やレポートよりCEOのインタビュー記事や発言を積極的に引用しています。**これは「CEOのビジョンや人間性、経営哲学を理解せずに投資することはあり得ない」という私自身の投資スタンスに基づいています。**

そこで、あらゆる手段を使って一次情報を徹底的に探します。CEO自身が質問に答えているインタビュー映像や、投資家や社員に向けて行われたプレゼンテーション、講演などのスピーチ動画、そして本人が執筆した書籍やブログ、SNSでの発言などに目を通すのです。

なかでも特に重視するのは、CEOが実際に語っている映像やインタビューの映像です。動画であれば、表情や声のトーン、そして話す間合いから、人柄や熱意、さらには躊躇《ちゅうちょ》や迷いの有無まで、文章には表れにくい情報をつかむことができます。本人の口からどのような言葉で語られるかを見れば意外なほどはっきり見えてきます。

特に、誇張表現が多すぎる、あるいは曖昧な表現でごまかしていると感じたら、私の中では投資判断を一度立ち止まるきっかけになります。いくら表面的にすばらしいビジョンを掲げていても、やはり慎重になるべきだと考えるからです。

そこで気になる企業があればYouTubeで「企業名＋CEO＋Interview」「企業名＋創業者＋スピーチ」などと検索します。

各分野の専門家や著名人などがスピーチをする「TED Talks（テドトークス）」やカンファレンスの動画、経済番組やイベントのアーカイブ映像などに当たることが多いです。

また、CEO本人がブログやSNSを活発に発信している場合は、それらもこまめにチエックしています。SNSの投稿は素の人柄が出やすいものです。日々考えていること、社員や顧客へのメッセージなどから、経営者としての姿勢や熱意、あるいは人間性まで垣《かい》間見《まみ》ることができます。

すべての企業に対してできるわけではありませんが、「推したい」と思える企業のCEOはSNSなどの発信もチェックするようにしています。

経営者が実際に発する言葉と、人柄がかもし出す空気感を自分の耳と目で確認しなければ、本当にその企業を理解することにはならない。私はそう信じています。

だからこそ、投資先を検討するときは必ず「CEOの顔を見る」「生の声を聞く」。このステップを踏むことは、投資スタイルにおける絶対条件なのです。

最後に物を言うのは、CEOの「根性」

私が投資先企業のCEOの「顔」を実際に見て、その「生の声」に直に触れることにこだわるのは、突き詰めれば、その企業が最終的に成功するか否かは、CEOの「根性」にかかっていると確信しているからです。

ここで言う「根性」とは、困難な状況に直面しても結局のところ「どんな手を尽くしてでもこの危機を乗り越えるんだ」と決して諦めずに最後までやり抜く「胆力」と「粘り強さ」を指します。

特にベンチャー企業の場合、どれほど綿密に練られたビジネスプランや事業計画があったとしても、事業が計画どおりに、順風満帆に進むことはまずあり得ません。むしろ、「すべてが計画どおりに進むほうが稀であり、想定外の事態、不測のトラブルが起こることこそが日常茶飯事である」と言っても過言ではないでしょう。

ある日突然、強力な競合他社が現れ、市場シェアを奪われることもあれば、資金調達が計画どおりに進まず、資金繰りが急速に悪化し、キャッシュが底をつく寸前に追い込まれることもあります。

そうした重大なアクシデントや苦境に直面したときにCEOがいわゆる「根性」を持っているかどうか。これが企業の存亡と成長、ひいては投資の成否を大きく左右すると私は

考えています。

「根性」という言葉はともすれば、非科学的で泥臭い、前時代的な精神論ととらえられがちです。しかし私自身、実際にベンチャー企業を立ち上げ、その経営に携わった経験から言えば、企業経営にはこの根性が欠かせない場面がたくさん出てきます。

特に事業が一度傾きはじめたときに、経営者が感じる苦悩や重圧は生半可《なまはんか》なものではありません。まさに「諦めた瞬間にすべてが終わる」という極限の精神状態に追い込まれます。こうしたギリギリの局面に立たされたとき、最後まで諦めずにしぶとく打開策を模索し、あらゆる手段を講じて、実行し続けられるCEOかどうか。

あるいは、人員削減に踏み切らざるを得ない状況に追い込まれることもあります。それでも可能なかぎり従業員の雇用を守るために、最善の工夫を施せるか。新たな資金源を確保するために寝る間も惜しんで東奔西走《とうほんせいそう》できるか。

それでも状況が好転しなければ、事業からの撤退や会社清算といった、さらなる苦渋の決断を下せるか。最後の最後まで踏ん張り、最善を尽くすことができる「根性」を持ったCEOなら、どんなに困難な状況が次々と降りかかってきたとしても、必ずや生き残り、道を切り拓いてくれると私は信じています。

私自身、エンジェル投資を行うこともありますが、その際には必ず創業者やCEO本人と直接面談し、膝を突き合わせて徹底的に議論するようにしています。

未上場のベンチャー企業への投資は、上場企業への投資と比べて、投資金額も、投資家としてのコミットメントの度合いも格段に大きくなります。そして上場企業に比べ、事業が立ち行かなくなるリスクに見舞われる確率も格段に高くなります。

だからこそ投資後に後悔することのないよう、「この経営者は本当に信頼できる人物なのか」「窮地に追い込まれても諦めない強い意志と根性を持っているのか」をじっくりと見極めたいのです。

「ファウンダーモード」か、「マネージャーモード」か

投資先の企業を調べる際、私はCEOが「ファウンダーモード」で経営を推進している

のか、それとも「マネージャーモード」で経営の安定化を図っているのか、その経営スタイルも注視しています。

「ファウンダーモード」とは、創業者みずからが企業の成長を力強く牽引《けんいん》していくスタイルです。

一方、「マネージャーモード」とは、いわゆるプロ経営者がＭＢＡ（経営学修士）的な経営理論やマネジメント方法を駆使し、企業を安定的かつ効率的に運営していくスタイルと言えます。教科書どおりの手堅い経営手法を導入することで、管理体制や財務体質をしっかり固め、着実な成長を図る余地が生まれます。

特にベンチャー企業の初期段階においては、ファウンダーモードならではの「創業者の爆発的な熱量」が、企業の成長を加速させる最も重要なエンジンとなることが多いと感じています。

この創業者ならではの熱量が、常識や固定観念にとらわれない大胆な発想や行動を生み出し、結果としてまったく新しい市場を創造したり、業界の常識を覆すようなイノベーションを実現したりするのです。

ただし、ファウンダーモードで大きく成長し、企業が一定規模まで成長すると、投資家から「プロ経営者を招聘《しょうへい》すべきだ」「MBA取得者を外部から登用し、経営体制・管理体制の強化を図るべきだ」といったアドバイスを受けることが多くなります。

ところが、投資家などの要請を受けてマネージャーモードのCEOを登用すると、派手な改革や攻めの施策が影を潜め、誰がやっても同じような無難な経営に移行してしまうリスクがあります。これによって、企業がもともと持っていた独自性や製品やサービスの魅力が薄れ、イノベーションや成長が停滞してしまうケースも珍しくありません。

とはいえ、どちらの経営スタイルにも一長一短があります。ファウンダーモードにこだわりすぎると、ガバナンスや財務管理が適切に機能せず、企業の急拡大に耐えきれなくなるかもしれません。

逆にマネージャーモードに偏りすぎると、組織は安定するものの、挑戦的な施策が打ち出せなくなり、成長のエンジンが止まってしまうかもしれません。

ただし個人的には、「創業者の熱意」が色濃く反映されたファウンダーモードの経営者

が率いる企業により大きな可能性と魅力を感じます。

特に大化けする企業を見つけるメタトレンド投資の観点から見ても、私はファウンダーモードで、情熱的に事業を推進する企業を応援したくなる気持ちが強いです。

理系か、文系か

私がベンチャー企業やテック企業に投資を検討する際、「CEOが理系出身か」という点は、重要な判断材料のひとつとなっています。

特にITやテクノロジー系の企業の場合、トップが技術者たちにどの程度の理解や敬意を持っているかは、企業の行く末を大きく左右すると感じています。

とりわけソフトウェアを中心としたハイテク業界では、エンジニアはいわば「プロサッカーチームのスター選手」のような存在です。彼らが生み出すコードやプロダクトが会社の稼ぎ頭であり、事業そのものの心臓部になるからです。

経営者がエンジニアを重視し、彼らの視点や発想、技術的な専門性をいかに会社全体の意思決定に生かせるかどうかが、持続的な成長と競争力維持においてきわめて重要です。

私がかつて在籍していたMicrosoftにはエンジニアを会社の主役と位置づけ、彼らを尊重するカルチャーがしっかりと根づいていました。

例えば、開発に必要な最新のツールや設備への投資を惜しまず、エンジニアが自由に議論し、アイデアを共有できる場が積極的に設けられていました。エンジニアが最高のパフォーマンスを発揮できるよう、組織としてのサポート体制や開発環境が整備されていたのです。

残念ながら、日本の多くのＩＴ企業では、エンジニアが働きやすい環境が整っているとは言えません。大企業でもエンジニアを〝作業員〟扱いし、いまだに「ソフトウェア工場」的な開発体制が色濃く残っているところが少なくありません。仕様書作成や工程管理を担当する「上流工程」を〝上〟のポジション、実際にコードを書くエンジニアを「下流工程」と称して〝下〟のポジションに置くような時代遅れのヒエラルキーが組織全体に根づいているケースも見受けられます。

このような環境でエンジニアが優れたパフォーマンスを発揮できるはずがありません。いくら優秀なエンジニアを採用できても、日々働くなかでモチベーションは低下し、イノベーションを生み出す力が大きく損なわれてしまうのです。

日本の企業文化や開発環境の歴史もかかわってくるため一概には言えませんが、こうしたエンジニアを会社のエースとして扱わない風土は文系出身のCEOが率いる会社に特に多く見られます。

さらに、文系出身のCEOがやりがちなのが〝数字至上主義〟に偏り、開発の現場を理解しきれないまま意思決定を下してしまうことです。こうなると、開発の効率や品質が大幅に低下し、企業全体のパフォーマンスにも悪影響が及んでしまう可能性があります。

その典型的な失敗例が、大手航空機メーカーのBoeing（ボーイング）だと思います。同社では、文系出身かつ経営や財務畑のキャリアを重ねてきたCEOをトップに据えた結果、安易なコスト削減やスケジュール重視の方針を推し進めました。

その結果、旅客機「737 MAX」シリーズの設計上の欠陥に起因する2度にわたる痛ましい墜落事故、そして「737 MAX 9」の非常口ドアが飛行中に吹き飛ぶという、安全性を根底から揺るがす衝撃的な事故が発生。企業としての信頼は大きく失墜し、長期的な業績不振を招いてしまいました。

これは利益や財務の論理を優先し、安全性や技術的リスクへの目配りをなおざりにしたことが原因だと考えられています。

本来、モノづくりの企業であればこそ、現場の技術をしっかりと理解し大切にするカルチャーを維持することが何よりも重要だったはずです。とくに航空機は〝高度な技術力〟と〝安全性〟が要です。それにもかかわらず、技術を大切にするカルチャーを失ってしまったことが痛ましい事故につながってしまったのです。

もちろん、すべての文系出身CEOがテクノロジー系の企業の経営に向いていないと言っているわけではありません。文系出身であっても、テクノロジーやエンジニアに対する深いリスペクトを持ち、エンジニアを主役として、彼らがぞんぶんに活躍できる環境を整えることに長けた優れた経営者もいるでしょう。**しかし、そのような資質を持つ文系出身の経営者は残念ながら多いとは言えません。**

一方、理系出身のＣＥＯであれば、若いころから研究や開発に打ち込んだ経験があり、エンジニアの思考や悩みを肌感覚で理解していることが多いです。技術を支える人材への敬意も強く、会社として「どうすればエンジニアが最大限に力を発揮できるか」を本気で考えられる経営スタンスを持っています。

Microsoft の創業者ビル・ゲイツ氏や、Google の共同創業者ラリー・ペイジ氏とセルゲイ・ブリン氏、Meta のマーク・ザッカーバーグ氏など、世界を代表するＩＴ企業のトップの多くが理系、エンジニア出身であったことは決して偶然ではないと私は思います。

私が投資先としての魅力を感じるのは、そうしたエンジニアファーストのマインドを持つリーダーが舵《かじ》を取っている企業です。私にとって「ＣＥＯが理系か文系」を問うのは、まさにそこにこそ大きな投資判断の分岐点があるからなのです。

メディア

投資のヒントはPodcastに転がっている

いまや私たちが情報を得る手段は劇的に変化し、SNSやYouTube、そしてPodcastなどが情報収集の主流となりつつあります。

私が投資に関して情報を収集する場合も同様で、新聞やテレビから投資判断に直結する情報を得ることはほとんどなくなりました。

とはいえ、SNSに頼ることはあまりありません。たしかに情報の伝達スピードが速く、影響力も大きくなっています。しかし、その一方で「情報の濁流」とも言える玉石《ぎょくせき》混交《こんこう》の膨大《ぼうだい》な情報量により、真偽不明のデマやノイズも多く含まれています。情報量の割に深掘りした議論が少ないため、投資判断の情報源としてはあまり参考にしていません。

そんな私が重宝しているのが「Podcast」です。

特にアメリカでは自動車文化が盛んであり、通勤や長距離ドライブなど、運転中にPodcastを聴く習慣が広く浸透しています。日本ではまだまだメジャーとは言えないと思いますが、アメリカではひとつの主要なメディアとして、確固たる地位を築いています。

Podcastの最大のメリットは、時間に制約のあるテレビ番組や、文字数制限のあるニュース記事とは異なり、じっくりと時間をかけてひとつのテーマが深掘りされている点にあります。

特に1~2時間に及ぶ長尺のインタビュー形式の番組では、ゲストの思考プロセスや、その背景にある経験、そして将来への具体的なビジョンまで詳細に語られることが多く、表層的な話題だけで終わることは稀です。

これは投資家にとって、企業の将来性や、業界全体のメタトレンドを見極めるうえで、きわめて強力な武器になります。

数あるPodcast番組の中でも私が特におすすめしたいのが、レックス・フリードマン

氏の番組です。彼はＡＩ研究に携わるエンジニアとしての専門知識を持ち、マサチューセッツ工科大学で教鞭も執っています。

彼の番組では、エンジニアや経営者、科学者、政治家など、多岐にわたる分野の第一人者をゲストに迎え、1本あたり2〜3時間、場合によってはそれ以上の長尺インタビューを行っています。

彼はインタビュアーとしての視点が鋭く、ゲストの思考や哲学を丁寧に、そして徹底的に掘り下げます。一般的なテレビ番組では「もっとこの話を聞きたい」と思った矢先に、時間切れで次の話題や質問に移ってしまうことが多く、消化不良感を覚えることも少なくありません。

しかし、フリードマン氏のPodcastでは、ゲストが抱える問題意識や、それを解決するための技術的な挑戦、そして社会に対する熱い想いなどが詳細に明かされます。

しかも出演者がとても豪華です。イーロン・マスク氏や、Amazon創業者のジェフ・ベゾス氏、OpenAI（オープンエーアイ）のＣＥＯのサム・アルトマン氏、さらにドナルド・トランプ氏まで出演しています。

これは、CEOやリーダーたちにとっても、長尺のインタビューを受けることに大きなメリットを感じているからでしょう。短いテレビインタビューの場合、どんなに長時間話したところで、編集で数分程度に切り取られ、文脈が伝わらないまま放送されるリスクがあります。結果的に誤解を招いたり、肝心の考えやビジョンが視聴者に伝わらなかったりすることが少なくありません。

一方、Podcastならたっぷり時間をかけて、みずからの企業理念や具体的なビジネス戦略、そして将来への展望まで、じっくりと語ることができます。ゆえに、超多忙なCEOたちや、大統領選挙期間中のドナルド・トランプ氏もわざわざ貴重な時間を割いて出演しているのです。

いずれにせよ、世界を牽引する一流のCEOやテック業界のリーダーたちが数多く登場するため、メタトレンドを見極めるうえでも最良の情報源のひとつと言えます。

もうひとつ私がおすすめしたいのが、ガイ・カワサキ氏のPodcast番組「Remarkable People」です。

元Appleのエバンジェリスト（製品やサービスの啓蒙活動を行う専門職）であるガイ・カワサ

キ氏は、その豊富な経験と人脈を生かし、テクノロジー業界にとどまらず、政治家、科学者、社会学者、作家、音楽家、アスリートなど、実に多種多様な分野の「傑出した人々(Remarkable People)」をゲストに招きます。そして彼らの卓越した知見や経験、人生哲学を引き出しています。

この番組の最大の魅力は、自分とは縁遠いと感じていた分野の最前線で活躍する人々の考え方や人生観に触れられる点です。彼らの話には普段の生活では得られないような新たな発見や、メタトレンドを先読みするヒントが数多くちりばめられています。

未来を予測するヒントは人間の「言葉」の端々に潜んでいます。文字だけのニュース記事やSNSの投稿とは異なり、「声」にはその人の熱意や本音、そして時に弱さまでもが如実に表れます。

ちょっとした沈黙、そして笑い声。それらすべてが「言葉」の裏側にある、その人の真の考えや、人物像を理解するための貴重な情報となるのです。

もちろん、1~2時間の長尺番組は視聴にもそれなりの時間と集中力を求めます。しかしメタトレンドをとらえるうえで、Podcastはまさに最適なメディアなのです。Podcast

には未来を読み解く、そして投資で成功するためのヒントが数多く転がっていると私は実感しています。

AI翻訳とYouTube字幕で重要情報を入手

先ほどご紹介したレックス・フリードマン氏の番組も、ガイ・カワサキ氏の番組「Remarkable People」も言語は英語です。

「英語の情報源」と聞くと、一気に心理的なハードルが上がり、敬遠してしまう方も多いかもしれません。

しかし心配する必要はありません。なぜなら、レックス・フリードマン氏のPodcastはYouTubeでも配信されているからです。YouTubeの自動字幕機能や、飛躍的に進化したAI翻訳技術を組み合わせれば、英語の壁は越えられます。

数年前まで機械翻訳といえば、不自然な直訳や、文脈を無視した誤訳が散見され、実用レベルには程遠いというのが実状でした。しかし、近年のＡＩ翻訳技術の進化は目覚ましく、以前とは比較にならないほど自然で正確な翻訳をリアルタイムで提供してくれるようになりました。

また、YouTubeで視聴する利点は映像があることです。出演者の表情や身振り手振り、さらには図表やプレゼンテーション資料などを視覚的に確認しながら、話の内容を理解することができます。

一方、ガイ・カワサキ氏の「Remarkable People」は残念ながら現状、YouTube版は存在せず、日本語字幕付きの動画を見つけることも困難です。

しかし、Podcastアプリの文字起こし機能を利用し、英文のテキストをAI翻訳サービスで翻訳するという方法があります。日本語字幕動画と比べるとひと手間かかりますが、英語が苦手な人でも内容を理解することは十分に可能です。

もしあなたが、ビジネスやテクノロジーの最先端の情報をいち早く入手し、投資判断に活かしたいと考えるなら、英語で配信されているインタビューやドキュメンタリーはまさ

に宝の山です。特にビジネスやテクノロジーの最新動向に関する一次情報は、英語で発信されることが圧倒的に多く、最速かつ最も情報が充実しているからです。

「英語は苦手だから自分には無理だ」と最初から諦めてしまうのは非常にもったいないことです。みずから情報の壁を作り、大きな機会損失をしてしまっていると言えます。

また、最初からすべてを完璧に理解しようと気負う必要はありません。まずは「話の概要や論旨を、ざっくりと理解できれば十分」という気楽なスタンスで、自動字幕やＡＩ翻訳を活用してみることをおすすめします。

最初は、英語のスピードや、専門用語に戸惑うこともあるかもしれません。

しかし、継続して英語の情報に触れ続けることで次第に耳が慣れてきますし、確実にあなた自身の英語力、そしてその分野への知識がアップデートされていくのを実感できるはずです。

面倒がらずに英語の情報源へアクセスしてみましょう。その一歩があなたの世界を広げてくれます。

「The Information」は必読

私が日々の情報収集で活用し、信頼を置いているメディアをほかにもいくつかご紹介します。**なかでもウェブメディア「The Information（ザ・インフォメーション）」は別格の存在として位置づけています。** The InformationはIT業界、特にシリコンバレーのスタートアップや、GAFAM（Google、Apple、Facebook※現Meta、Amazon、Microsoft）などの巨大テック企業の経営戦略や新製品開発の舞台裏などを徹底した取材に基づき、迅速かつ詳細に報じています。**その情報の質の高さ、深さ、そして速報性は他の追随《ついずい》を許しません。**

例えば、2023年11月に、OpenAIのCEO、サム・アルトマン氏が、突如として取締役会から解任された一件は、世界中に大きな衝撃を与えました。様々なメディアやSNSで憶測や未確認情報を含む情報が錯綜するなか、The Informationは刻一刻と変わる情勢を冷静かつ正確に、そしてどこよりも早く詳細にレポートし続けました。

一般的なメディアが配信するような表層的なニュースや、憶測に基づいた飛ばし記事とは異なり、企業の内情に精通した信頼できる情報源から得た、確度の高いリーク情報などを基にしているため、ＩＴ企業の経営戦略や業界全体の動向、そして水面下で繰り広げれる権力闘争まで貴重な情報を得ることができます。

同様に「ニューヨーク・タイムズ」にも読み応えのある記事が多く、よく参考にしています。さらに「ブルームバーグ」も金融・経済ニュースはもちろんのこと、近年は特にテック関連の報道にも力を入れています。**世界で今何が起きているのか、その背景にはどのような要因があるのかを把握するうえで、非常に役立つ情報源だと感じています。**

しかし、これらのメディアの記事を全文読むためには多くの場合、サブスクリプション（有料購読）契約が必要となります。特に英語に苦手意識のある方は「購読料を払ってまで英語の記事を読む時間も、気力もない……」と感じてしまうかもしれません。

宣伝になってしまいますが、特にテクノロジー関連の最新情報に興味があり、日本語で効率的に情報を入手したいと考えている日本の方にとっては、私自身が発行しているメルマガを読んでいただくのも悪くないと思います（「週刊 Life is Beautiful」）。

そこでは私が日々チェックしている情報の中からとりわけ重要だと判断したり、私のアンテナに引っかかったりしたニュースや記事を厳選し、日本語での要約と、私なりの視点での解説を加えています。

もちろん、The Information やニューヨーク・タイムズ、ブルームバーグなどの記事も必要に応じて引用し、その内容を日本語でわかりやすくお伝えしています。我ながら情報過多の現代社会を生き抜くうえで、タイムパフォーマンス（時間対効果）と、コストパフォーマンス（費用対効果）に優れた情報収集源のひとつになっていると思います。

「英語の記事を、自力で読む自信がまだない。でも、The Information などの海外の有力メディアが報じる質の高い情報には触れてみたい」「海外のニュースサイトにわざわざサブスクリプション契約をするのは少し躊躇してしまう」と思ってしまう方は、私のメルマガから試してみるのも良いかもしれません。

論文は過度に読み込まない

投資やテクノロジーの動向を把握するうえで、論文に目を通すことがあります。ただし、いくら貴重な情報源とはいえ、論文の隅々まで目を通し、細部まで精読することはほとんどありません。
研究者レベルの専門知識を習得することが目的ではなく、「この分野では今、どのような研究が行われ、どのような技術が注目されているのか」といった最新動向の全体像を俯《ふ》瞰《かん》的に、かつ効率的に把握できればいいからです。

きちんと全文を読み込もうとすると膨大な時間と労力がかかります。なかには専門用語が多く、実験プロセスが細かく記されており、一字一句逃さず拾おうとすればそれで1日が終わってしまうものもあるでしょう。
そこで私はまず「アブストラクト（要旨）」に目を通して大枠をつかみます。アブストラクトには「この論文が何を課題とし、どんな手法でどこまで進んでいるか」という要約が示されているので、ここを読むだけで「深掘りしてみるか、ひとまずスルーするか」が大まかに判断できるわけです。

具体的には、10本の論文を手に取ったら、9本くらいはアブストラクトを読んだ段階で

「これは自分が興味ある分野にはそこまで関係なさそうだ」と判断して流します。

「これはおもしろいかもしれない」と思える1本に当たったときにだけ、もう少し本文を読み進め、実際の実験データや具体的な成果を確かめるイメージです。

すべてを追いかけるのではなく、自分の関心がないものは堂々と〝捨てる〟決断をするからこそ、本当に有益な論文だけに時間をかけられるのです。

誰でもアクセス可能な情報から10倍・100倍株を見つける

私がアメリカに住んでいることもあり、「中島さんは現地の最新情報をリアルタイムで入手できますよね」と言われることがあります。

たしかに、アメリカに住んでいることで、現地の空気を肌で感じたり、実際に最新の製品やサービスをいち早く試したり、友人たちから口コミを聞けたりする機会は、日本に住んでいる方と比べれば多いかもしれません。

しかし、そうした情報は少し時間が経てばSNSやレビューサイト、個人のブログなどに体験談として投稿され、誰もが簡単にアクセスできるようになります。

また、現地メディアでは報じられているが、日本のメディアではまだ報じられていないような有益な情報があったとしても、いまやインターネットを通じて、リアルタイムで世界中どこからでも入手できます。**つまり、「アメリカ在住だから、特別な情報にアクセスできる」というのは誤解です。**

私がメルマガで企業分析を示す際も、その基になっている情報は誰もが入手可能な公開情報ばかりなのです。Podcastをはじめ、The Informationなどの記事、企業の公式ウェブサイトで公開されているプレスリリース、CEOのSNS、論文といった具合です。いわゆるインサイダー情報や非公開の特別ルートを使っているわけではありません。

ようは、私が実践している情報収集や企業分析、そして投資判断の手法は、日本にいても誰もが実践できるものなのです。例えば、CEOのインタビュー映像をYouTubeで検索してみる。海外メディアの記事に目を通してみる。企業のIR情報を確認する。企業のSNS公式アカウントをフォローする。

こうした地道な情報収集を愚直に、そして淡々と続けているだけでも10倍株、100倍

株を見つけるきっかけはつかめるのです。

AIのアシスタント活用術①「まずは読ませて質問攻め」

情報収集をするときに私が活用しているのが「ChatGPT」などの生成AIです。生成AIの進化はすさまじく、「優秀なアシスタント」として大活躍してくれます。

例えば、英語の記事も難解な論文も要点をスピーディーに整理してくれますし、「この部分だけ詳しく教えて」「この点をもう少し掘り下げて」などと具体的に訪ねれば、詳細情報が提示されたり、新たな視点を与えてくれたりするのです。

すでに生成AIを使ってなにかの記事を要約してみた方は多いと思います。その際、よく使われるプロンプト（生成AIへの指示）は「この記事を要約して」と一言で指示する方法ではないでしょうか。もちろん、それでも大枠を理解するには役立ちますが、要約だけに頼ると「自分が本当に知りたかった核心が、要約から漏《も》れていた」なんてことになりがちです。そこで私がおすすめしたいのは「まず生成ＡＩに全文を読ませてから、何度も質問する」という方法です。

1 「この記事（論文）をまず全文読んで」と指示する

生成ＡＩに「この記事（論文）の全文を読んで」と頼み、テキスト全体の内容をインプットさせます。生成ＡＩがテキスト全体を把握している状態であれば、あとから聞く質問に対して、より的確な回答を期待できるからです。

2 要約を依頼する

まずは全体をざっくりつかむために「何が新しい点なのか？」「既存の方法との違いは？」といった大まかな要約を求めます。ここで得られるのは全体像やキーワードであって、まだ細部まで踏み込む段階ではありません。

3 疑問点を具体的に聞く

要約で把握した範囲から「この部分をもう少し詳しく知りたい」と感じたら、さらに生成ＡＩに「競合技術との差は何か」「実用化を阻《はば》むボトルネックは何か」などと深掘りの質問を重ねます。

このとき生成ＡＩは一度テキスト全体を読んでいるので、最初の要約には含まれなかった情報や観点についても参照しながら回答してくれます。

記事や論文が長文の場合、たとえ要約を見ても、自分が知りたい情報とはズレたものが出てくる可能性があります。**そこを補うために「生成ＡＩにまとめさせて終わり」ではなく、「生成ＡＩに全文を読ませ、あえて自分が疑問に思う箇所や興味があるテーマをどんどん質問する」という方法を取るのです。**

こうすることで、最初の要約だけでは拾いきれない細部の情報や、埋もれている視点までも引き出すことができます。結果的に「おもしろそうだと思っていたけど、実用化には大きな課題がある」とか「一見、実現は難しそうだけど、いまや別の技術で一気にブレイクスルーできる可能性がある」というように投資判断や、技術の本質的な理解に直結するポイントをより深く理解できるようになるのです。また、質問を繰り返すことでより多角的に理解できるようにもなります。

この「質問攻め」による深掘りこそが、生成ＡＩを「優秀な情報収集アシスタント」として活用する、最も効果的な方法のひとつと言えるでしょう。

ＡＩのアシスタント活用術②「相談相手になってもらう」

生成ＡＩを使うもうひとつの方法として、ChatGPTを〝相談相手〟にしてしまうやり方があります。

必ずしも具体的なデータや事実を引き出すためだけではなく、「ざっくりした悩み」をぶつける相手としてＡＩを活用する、というイメージです。

例えば私の場合、プレゼン資料を作る際に「こういうテーマで話したいけど、どんな構成がいいか」「どんなフレーズが効果的か」といった漠然とした課題をChatGPTによく投げかけます。

英語でプレゼンすることになったとき、「技術的なキーワードを盛り込みたいが、難しすぎる言葉で参加者が混乱しないだろうか」と相談すれば、生成ＡＩが英文例や構成案をいくつか出してくれます。

そこから「もう少しカジュアルな口調にしてほしい」「参加者が非エンジニアだから、専門用語を減らして初学者にも伝わるようにしてほしい」と指示を出し直します。

この繰り返しによって最終的に〝ちょうど良い塩梅《あんばい》〟のプレゼン素材を短時間で整えることができるわけです。

株式投資においても「ざっくりした疑問」を生成ＡＩにぶつけてみる価値は大きいと思います。

「この産業に興味があるけれど、歴史的な背景や主要プレイヤーを知りたい」
「競合企業はどんなビジネスモデルで戦っているのだろうか」
「新興企業で注目を集めている会社には、どんな特徴があるのか」

こうしたフワッとした質問でも、とりあえず生成ＡＩは情報の取っ掛かりになります。

もちろん、生成ＡＩの回答が間違っていることもあるので、全幅の信頼を置くのはリスクです。**でもゼロから自分で検索キーワードを考え、情報を整理するよりも、まず生成ＡＩに〝ざっくりまとめ〟をさせるほうが時間を大幅に節約できるのです。**

しつこく質問しても生成ＡＩは嫌な顔をしません。何度だって顔色ひとつ変えずに対応してくれます。もちろん、真夜中だろうと早朝だろうとクレームを言われる心配がない。なにかとハラスメントが騒がれるこの世の中では貴重な相談相手です。

しかも、最近ではChatGPTのように音声入力と音声出力に対応するサービスも登場しています。これを使えばテキストを介したチャットのような感覚ではなく、まるで〝会話する〟ようにＡＩとコミュニケーションを取ることだってできるのです。

ＡＩのアシスタント活用術③「臨場感あふれる解説」

生成ＡＩの活用方法として、難しいテーマを「中学生でもわかるように優しく説明して」とわかりやすい解説を求めるプロンプトがよく使われます。もちろんその指示だけでも十分に理解しやすい解説を得ることができます。

しかし私はさらに一歩踏み込んで、「ラジオ番組ふうの台本を書いて」というリクエストをよくします。

例えば、「この長文の記事の内容をリスナーが興味を持つような、おもしろいラジオ番組ふうに解説してほしい」とＡＩに指示を出してみる。すると、本当にラジオ番組の台本のような、臨場感あふれる解説が返ってきます。

単に要点を羅列するのではなく、番組のオープニングのような、リスナーへの語りかけからはじまり、専門家とパーソナリティとの対話形式で話が進んだり、要所要所で「ここがこの話の一番の見どころ、聞きどころですよ！」といわんばかりの効果的な合いの手を入れてくれたりする。そんなふうに随所に、リスナーの興味を惹きつけるための遊び心と工夫がちりばめられた原稿が生成されるのです。

まるで優秀なラジオの構成作家が、あなたの知的好奇心を満たすためだけに、オーダーメイドで台本を書き下ろしてくれたかのようです。

さらに、ChatGPTなどの高性能なＡＩであれば音声出力にも対応しているので、その生成された台本を自然な音声で読み上げ、ラジオ番組のように聞くこともできます。長文の記事をわざわざ目で追う必要もなく、運動中や散歩中、通勤中など、他の活動と並行しながら効率的に、そして何より楽しみながら学習できる点は、多忙な現代人にとって非常に大きなメリットと言えるでしょう。

第5章

勝ち切るためのセオリー

買い方

資産のうち、いくら投資するか？

投資をはじめる際、「一体いくら投資に回せば良いのか？」と最初のステップで戸惑ってしまう方は少なくないでしょう。

一般的な投資本では「生活費の3か月〜1年分を確保し、それ以外は投資に回す」といったアドバイスがよく見受けられます。失業などの万が一の事態や急な出費に備え、必要最低限の生活資金は確保しておくべきという考えです。

私自身、明確に「〇か月分」と決めていませんが、だいたい半年分程度の生活費を確保しておけば十分ではないでしょうか。

投資をするうえで最も避けたいのは、株式市場が暴落しているタイミングで株を売らざ

るを得ない状況に迫られることです。「今は株価が下がっているから、本当はここで売るべきではない」「もう少し待てば、株価が回復するかもしれないのに」と思いながらも、急に現金が必要だから売らざるを得ない。そんな状況は悔やんでも悔やみきれないでしょう。

そうした最悪の事態を回避するためにも、ある程度の現金を常に確保しておくことは賢明な措置と言えます。

ちなみに、現在の資産構成で言うと、私にしては珍しく現金の割合が全体の約5％になっています。現在、アメリカの政策金利は4・25％〜4・50％に設定されています。すると「銀行預金していてもそこそこの利子が得られる」という状況が生まれるため、少し多めに現金として保有しています。

しかし、かつてアメリカの政策金利がほぼ0に等しかったころは、「現金をいくら持っていてもたいして増えない」と考え、あえて現金をほとんど保有しませんでした。資産のほぼすべてを投資に回していたのです。

私自身、現状は少し現金の保有比率が高すぎるかもしれないと考えており、現金の保有比率を調整し、投資に資金を振り向けることも考えています。

どれだけリスクを取るか？

「メタトレンドに乗る企業」とひと口に言っても玉石混交《ぎょくせきこんこう》です。

例えば、AppleやNVIDIAのようにすでに巨大な利益を上げ、確固たる地位を築いている企業は、「比較的リスクの低い安定企業」です。時価総額も大きく、長期保有していても安心感が高いでしょう。

一方、ＥＶメーカーのRivian（リヴィアン）のように、今後の爆発的な成長が期待されると同時に、現時点では赤字で「倒産リスクも抱える赤字企業」も混在しています。将来の大化けを期待できる反面、ハイリスクになります。

では、玉石混交のなかでどうリスクを取れば良いのでしょうか。

まず、第一に避けなければいけないのは「老後の生活資金がゼロ」になってしまうような致命的な事態です。年金や退職金など、老後の生活を支える大切なお金を投資に回す場合は、きわめて慎重なリスク管理が求められます。

「リスクをなるべく取りたくないが、メタトレンドには参加したい」という場合は、GAFAM（Google、Apple、Facebook ※現 Meta、Amazon、Microsoft）のような時価総額が大きく、キャッシュフローが安定している企業を選ぶのもいいでしょう。

もちろんこれらの企業の株価が今後、爆発的に上昇するチャンスは大きくありません。それでも Apple や Meta ならAR／VR、Google なら自動運転、Microsoft ならAIというように今後も続くメタトレンドの流れに乗ることはできるでしょう。

一方で、例えば20代の独身の若者であれば、仮に投資したお金がゼロになったとしても「最悪、また働いて稼げばいい」と割り切れるかもしれません。

そうした、リスク許容度の高い人であれば、果敢にハイリスク・ハイリターン戦略が取れます。例えば、Rivian のようなメタトレンドに乗っている赤字経営のベンチャー企業10社に投資し、そのうちの1社でも株価が100倍になることを狙う。そんな大胆な選択肢もありでしょう。

ポートフォリオのうち大部分を「ローリスク」で押さえておき、一定の割合を「ハイリスク」に振り向けるのもひとつの方法です。大手企業への投資である程度の堅実性を確保しつつ、伸びしろのある未成熟な企業で冒険するイメージです。

例えば、Apple、NVIDIA、Meta、Microsoft、Amazonなどの「リスクが比較的低く、キャッシュフローが安定している大企業」を50％。TeslaやAMD、製薬会社のModerna（モデルナ）やBioNTech（ビオンテック）のように、すでに事業が軌道に乗っているが、株価の上下が激しく、まだ株価の上昇が期待できそうな「すでに黒字かつ成長性の高い企業」を30％。RivianやLucid（ルーシッド）など「ハイリスク・ハイリターンを狙う未成熟なベンチャー企業や赤字企業」を20％といった具合です。

あるいはＥＶ業界のみに絞ってポートフォリオを組むなら、70％をTeslaに、残りの30％を将来の大化けに期待してRivianやLucidに投資するという配分も考えられるでしょう。

ここで述べた具体的な割合はあくまで一例です。**しかし「頑丈な土台を用意しつつ、夢**

のある投資先にも資金を振り分ける」という戦略は、リスク許容度を調整するうえでひとつの指針になるでしょう。

リスク許容度はひとりひとり違います。年齢や家族構成、資産状況などによって、グラデーションのように変化するものです。自身のリスク許容度に合わせて投資配分を調整してみてください。

一気に買ってはいけない

投資したいと思える企業に出合っても「いつ」「いくらで買えばいいか」は多くの人が悩むポイントです。

誰しも「安く買って、高く売る」ことが理想でしょうが、そのタイミングを正確に射止めることはできません。

そこで、すでにお伝えしたように、私は気になった企業を見つけたとき、「最悪0円になってもやむなし」と思える程度の少額をまず投資します。

その後、「この企業なら間違いない」と確信を持てるようなニュースや決算、CEOの発言など、次のきっかけが訪れた際に本格的に投資額を増やします。

しかしここで注意したいのが「一気にお金を投じない」という点です。勢いに任せて一気に投資すると、いわゆる「高値つかみ」のリスクがあります。つまり、たまたま株価が高くなったところで買ってしまい、その後、値下がりしてしまう可能性があるのです。

それは悔しいし、なるべく避けたい。そこで私が活用しているのが「ドルコスト平均法」です。これは定期的かつ一定の金額で株を購入していく方法のこと。例えば「最終的に〇〇万円を投じたい」と決めたら、10回ほどに分割して毎月（あるいは毎週など）同じ金額を投資するのです。

すると、株価が高いときには少ない株数しか買えませんが、逆に株価が低いときには多くの株数を買えます。結果的に「平均購入単価」がならされるため、高値つかみのリスクを下げられるというわけです。

私がApple株を買い増ししたときも、まさにこのドルコスト平均法を使いました。「これからAppleは大きく伸びる」と確信はしましたが、「安く買えるタイミングはいつか」まではわかりません。そこで投資すると決めた金額を10回に分けて、1か月ごとに投資をしていきました。

このドルコスト平均法は、特に株式市場全体が一時的に大きく盛り上がっている、過熱気味の局面で役立ちます。

投資家の心理として「盛り上がっているときに乗り遅れたくない」という思いが強く働きます。すると、本来の企業価値以上に株価が割高になるケースが多々あります。そのような状況で焦って一気に購入してしまうと、思わぬ高値つかみをしてしまう。

そこで私は、マーケット全体が一時的に過熱していると感じたときほど、ドルコスト平均法であえて投資のタイミングをずらすように心がけています。

投資において「どのタイミングで購入するか」は永遠のテーマですが、ドルコスト平均法を実践することで、タイミングを外してしまうリスクを大幅に軽減することができます。

やり方も考え方も単純明快なので、投資初心者の方でもすぐにはじめることができるでしょう。そして上級者にとっても十分に有効で、普遍的な投資手法なのです。

「押し目買い」のヒント

株価が一時的に下落したタイミング、いわゆる「押し目」を狙って割安な価格で購入しようとするのが「押し目買い」です。Teslaなどすでに株価が高騰している場合、この押し目買いのチャンスを狙う人は多いはずです。

とうぜんですが、いつ押し目が来るのかを正確に予測することは誰にもできません。それでもなお、どうしても押し目買いに挑戦したいという方のために、安値で買うためのヒントをご紹介しましょう。

押し目買いを成功させるには「失望売り」のタイミングを狙うのがいちばんです。

好調な決算が発表されたにもかかわらず、株価が下がってしまうことがあります。これは事前に過度な期待が持たれており、その期待値に届かなかった場合に「思ったほど成長していない」「期待外れ」と判断した投資家たちによる失望売りが発生するためです。この失望売りが行われると、一時的に株価が下落し、押し目が形成される可能性があります。

そのタイミングを見計らうためには、企業の四半期決算に注目しておくのはひとつの手でしょう。

もうひとつのヒントとしては、決算に直結するデータをニュースや企業リリースなどでウォッチしておく方法です。

例えば、自動車メーカーであれば「出荷台数」、ＩＴ企業であれば「アクティブユーザー数」、ＥＣ企業であれば「取扱高」といった指標が市場予想を上回るか下回るかで、株価が大きく上下することがあります。

ここでも「市場の期待値とのズレ」が大きければ大きいほど、失望感から一時的に大きく売られ、株価が下落する可能性が高まります。

ただし、押し目買いにこだわりすぎるのも考えものです。そもそも「押し目」自体が発生しない可能性も十分にあるからです。そうなってしまうと「あのとき思い切って買っておけばよかった」と後悔することになりかねません。

押し目買いは、たしかに安値で買うことができる魅力的な投資手法です。しかし、そのタイミングを見きわめるのはかなり難しく、いわば「玄人向け」と言えるでしょう。

投資初心者はもちろん、上級者であっても、無理に押し目買いを狙うのではなく、「ドルコスト平均法」を実践するほうが賢明な選択だと私は考えます。ドルコスト平均法のほうが、精神的にも金銭的にも、良い結果をもたらしてくれると思います。

長期保有

冷静さを失った私の大失敗

投資の鉄則は「長期保有」です。特にメタトレンド投資は10年、20年といった長いスパンで起きる、時代の大きなうねりに乗る投資スタイル。一時的な株価の変動に一喜一憂せず、長く腰を据えて取り組むべきであると、これまでもお伝えしてきました。

しかし、かく言う私も実は過去に大失敗を経験しています。「あのとき長期保有を貫いていれば……」と今でも後悔してやまない苦い経験です。

私がMicrosoftを退職したのは2000年のことでした。退職金はありませんでしたが、その代わりに付与されていたストックオプションを行使し、まとまった額の現金を手にしました。

当時はドットコムバブルの真っ只中。インターネット関連企業が次々と誕生し、株式市場は連日のお祭り騒ぎ。それらの企業の株価は、うなぎ登りに上昇していました。

私も手にしたばかりの資金をインターネット関連株に思い切って投じました。そしてバブルの追い風を受け、その株価はさらに上昇していきました。

しかし、ドットコムバブルの熱狂は長くは続きませんでした。ほどなくしてバブルは崩壊。インターネット関連株は軒並み急落します。買ったばかりの株は、またたく間に値を下げ、私の資産は見る見るうちに目減りしていきました。

それで生活に困窮するわけではなかったので、絶望の淵に立たされた、とまでは言いません。それでも自分の資産が激減していく様子を目の当たりにするのは精神的にこたえました。

さらに当時は「インターネット関連企業なんて、ただの流行りもの」「バブルに乗せられた虚業だ」と揶揄《やゆ》する声が様々なメディアで取《と》り沙汰《ざた》されるようになりました。そして市場全体が「インターネット＝将来性のない危険な投資先」という悲観的なムードに包まれはじめたのです。

冷静さを完全に失った私は「このまま保有し続けると、さらに損失が拡大するかもしれない」という恐怖心に駆られます。そして、保有していたインターネット関連株を投げ売りしてしまいました。

今振り返れば、ドットコムバブル崩壊後、すべての企業が等しくダメになったわけではありません。むしろ飛躍的に成長を遂げる企業も多くありました。

例えばAmazonです。バブル崩壊時は、市場全体に蔓延する悲観的なムードに呑まれ、Amazonの株価も急落。しかしその後、Amazonは市場の悲観論を覆し、力強く成長を続けていきます。いまや世界を代表する巨大企業へと飛躍を遂げたことは、皆さんもご存じのとおりです。

私の最大の失敗。それはドットコムバブルが崩壊したあと、市場の悲観的なムードに流され、インターネット関連株のすべてを感情的に投げ売りしてしまったことです。

もしあのとき、Amazon株だけでも持ち続けていれば……。バブル崩壊で受けたすべての損失を軽く取り戻し、さらに有り余るほどの利益を得られました。

ガチホの真髄

過ぎ去った過去はもう変えることはできません。私も過去の失敗をいつまでも引きずるような性格ではありません。それでもドットコムバブル崩壊時にAmazon株を安値で投げ売りしてしまった失態は、苦い経験として今でも私の脳裏に深く刻まれています。

しかしその失敗があったからこそ、投資における重要な教訓を得られました。**それは「市場全体がクラッシュするような大暴落の局面でも、冷静さを保ち、長期的な視点を持ち続ける」ということです。**

自分が有望だと信じ、惚《ほ》れ込んだ企業の株は、いかなる状況でも信念を持って長期保有する。あの暴落以来、それが私の基本的な投資哲学、ゆるぎない投資方針となっています。

のちに起きたリーマン・ショックの際に、ドットコムバブル崩壊時の痛い勉強代が大いに役立ちました。

2008年9月、アメリカの大手投資銀行、リーマン・ブラザーズの経営破綻をきっかけにリーマン・ショックが発生。その影響は全世界に波及し、世界同時株安という未曽有の金融危機へと発展しました。とうぜん、私の保有する株式資産も一時的に大きく評価額が下落しました。

しかし、ドットコムバブルで苦い経験をした私はいたって冷静でした。**一時的に大きな含み損を抱える状況にはなりましたが、含み損はあくまでも含み損。売却して「確定」しないかぎり、損失にはなりません。**

嵐が過ぎ去るのを待つという心構えで、じっと忍耐強く保有し続けました。すると約2年後には、株価は下落前の水準まで回復。**最終的には、世界経済を襲った未曽有のリーマン・ショックにおいても、実質ノーダメージで乗り切ることができたのです。**

将来大きな成長が見込めると確信できる企業の株であれば、短期的な株価の上下動に一喜一憂せず、じっと我慢する。いわゆる「ガチホ」(ガチでホールド)することが、長期的な資産形成においては欠かせない視点なのです。

「メタトレンド+推し」で、どんと構える

朝起きてまずチェックするのは、株価チャート。LINEの通知やSNSの更新よりも、保有資産の増減が何よりも気になってしまう。

仕事中も、トイレに行くたびにスマートフォンを取り出し、株価アプリを立ち上げてしまう。保有資産が増えていれば、その日は気分が良く、仕事もはかどる。しかし資産が減っていれば、仕事も手につかず、ため息ばかり。

投資をはじめてみたものの、日々の株価の変動や保有資産の増減に一喜一憂している人は少なくないでしょう。

しかしメタトレンド投資、そして推し投資を実践しているのであれば、日々の株価の値動きに振り回される必要はまったくありません。

メタトレンド投資は時代の大きな流れをとらえ、その流れに乗る企業に投資する手法です。そして、推し投資は応援したいと心から思える企業に投資をするという、これまた長

期的な視点に立った投資スタイルだからです。

あなたが投資をするのは、自分が納得するまで調べ上げ、将来の成長性に納得し、惚れ込んで選んだ企業です。だからこそ、5年、10年と長期保有できる自信が湧いてくるのです。

投資の判断軸は「将来、大きな成長が見込まれるメタトレンドに乗っているか」。そして「その企業やサービスを『推し』として、長期的に応援し続けられるか」。**この2つの軸が明確であるならば、短期的な株価の変動は誤差の範囲と言っても過言ではありません。つまり、日々の株価の変動は些末《さまつ》なノイズにすぎなくなるのです。**

そもそも株価というものは日々、上がったり下がったりを繰り返すものです。過度に株価の動きを気にすると、その乱高下に翻弄され、精神的にも疲弊してしまいます。良いことは何もないので、私は株価のチャートを毎日チェックすることはありません。

せっかくメタトレンド投資と推し投資をするのですから、日々の値動きに一喜一憂せず、どんと構えるようにしましょう。

暴落したらデートに出かけよう

株を長期保有していると、どうしても株価が急落する局面に出くわすことがあります。しかし、たとえそれが世界経済全体を揺るがす深刻な金融危機であっても、やがて持ち直すのは歴史が証明しています。ドットコムバブルの崩壊しかり、リーマン・ショックしかり。大暴落のあと、株価はことごとく復活していきました。

そう考えると、株価が大きく下落した日に塞ぎ込む理由はどこにもありません。そんなときに必要なのは気分転換でしょう。恋人とデートに行く。家族みんなで少し贅沢な外食を楽しむ。前向きに、柔軟に、心を切り替えることが大切です。

長期投資において、株価の暴落はある意味、通過儀礼のようなもの。いちいち悲観していたら、精神が疲弊してしまいます。

また、暴落は大きなチャンスだと考えることもできます。市場全体が悲観に包まれ大きく値下がりしているときは、優良企業や将来有望な企業の株価も下がっています。つまり割安で買うことができる。株の暴落も視点を変えればバーゲンセールになるのです。

そのタイミングで、以前からウォッチリストに入れていた企業の株価が下がっていれば買ってみるのもいいでしょう。


私はTeslaの株価が下がっても悲しくはなりません。メタトレンドに乗ると信じていますし、推しの企業でもある。むしろ株価が下がれば、安く買えるチャンスに思えます。事実、Teslaの株価が下がったタイミングで買い増したこともあります。

長期的な投資をするのですから、金融危機があってもデートに行くくらいの心持ちでいたいものです。株価の下落は絶好のバーゲンセール。そう思えるようなふてぶてしさを持ちましょう。

長期保有の底知れぬ威力

Microsoftの創業者ビル・ゲイツ氏は、長年にわたり世界屈指の大富豪としてその名を馳せてきました。しかし近年、ブルームバーグの富豪番付において、かつての部下がゲイツ氏の資産額が上回るという事態が発生しました。

その人物こそが、ゲイツ氏の後任としてMicrosoftのCEOを務めたスティーブ・バルマー氏です。

イーロン・マスク氏やジェフ・ベゾス氏など、ブルームバーグが発表した長者番付のランキング上位にはみずから会社を興し、一代で巨万の富を築き上げた創業経営者が名を連ねています。そのなかでバルマー氏のような〝雇われCEO（サラリーマン社長）〟が名を連ねるのはきわめて異例と言えるでしょう。

その最大の要因こそ、Microsoft株の「長期保有」にあります。

バルマー氏がCEOを務めていた期間、Microsoftの株価は長期にわたって低迷し、投資家やアナリストから厳しい批判を浴び続けていました。その間、ゲイツ氏は慈善事業などに充てる資金を捻出するため、保有するMicrosoft株を徐々に売却していきました。

しかしバルマー氏はCEO在任中はもちろん、退任後も自身が保有するMicrosoft株を売却することなく保有し続けたのです。

そしてバルマー氏がCEOを退任したあと、後任のサティア・ナデラ氏のもとで、Microsoftの株価は目覚ましい急上昇を遂げました。クラウドサービス「Azure（アジュール）」の飛躍的な成長や、ビジネスモデルの転換などが功を奏し、Microsoftは再び力強い成長軌道に乗ったのです。「バルマーが辞めたおかげで、株価が上がった」と揶揄する声が一部で聞かれたほどでした。

そして皮肉なことにこの株価上昇の恩恵を最も享受したのが、ほかならぬバルマー氏だったのです。

このエピソードは「株の長期保有が株価急騰の恩恵を最大限に享受するうえで、いかに有効な手段であるか」を如実に物語っています。長期保有によってサラリーマンCEOが創業者の保有資産を上回ってしまう。これほどまでに「長期投資の真骨頂」を体現した劇的な出来事はないでしょう。

分散投資

ポートフォリオは偏っていい

投資の世界には「卵を1つのかごに盛るな」という有名な格言があります。複数の銘柄に分散投資することでリスクを軽減すべきだという、投資の鉄則を説いたものです。

しかし私の実際のポートフォリオはこの格言とは対照的に、かなり偏った構成になっています。気になった企業には少額投資をしてみるため、保有銘柄数自体はそれなりの数になっています。**ただし時価総額ベースで見れば、ポートフォリオの約9割をIT業界の上位7社が占めている状態です。**

仮にIT業界全体がドットコムバブル崩壊のような深刻な危機的状況に見舞われれば、私のポートフォリオが壊滅的なダメージを被《こうむ》ることは避けられないでしょう。

しかし私はポートフォリオの極端な偏りをさほど気にしていません。むしろ、推し投資を実践した結果として必然的にこうなったとさえ考えています。

推し投資の場合、投資先が自分の得意分野や、関心の高い業界に偏ってしまうのは自然な流れです。私のように長年ＩＴ業界に身を置いている人間であれば、投資先もＩＴ業界に集中してしまうのは仕方ありません。

ポートフォリオは偏っても仕方がないと納得したエピソードがあります。

以前、メリルリンチ（現BofAセキュリティーズ）のファイナンシャル・アドバイザーに会う機会がありました。彼は教科書的な「分散投資」の視点から、私のポートフォリオを分析しました。すると非常に驚いた様子でこう言いました。「通常では考えられない偏り方です。これほどＩＴ株に偏ったポートフォリオはリスクが高すぎます」と。

ところがミーティングの終盤、彼はこう漏《も》らしたのです。「でも正直なところ、このような投資スタイルを実践できるのはうらやましいです。私にはとても真似できません」

ファイナンシャル・アドバイザーという職業柄、顧客のお金を運用する立場としては、大きな損失を出した場合の責任を考えねばなりません。そのため、教科書通りの分散投資を原則とするしかないわけです。
しかし大きなリターンを狙うためには、ある程度のリスクを取る必要があることも彼は十分に理解しているのです。彼は私のポートフォリオを見て、専門家としての立場と、一個人としての本音との間で葛藤したのでしょう。

もちろん一般的な投資のセオリーとしては分散投資が推奨されます。しかし、自分が情熱を注げる分野、「推し企業」への強い信頼があるなら、私は分散を気にしすぎる必要はないと考えます。

推し投資における「偏り」は、むしろ大きなリターンを得るための「強み」にもなるからです。

計り知れない中国リスク

台湾に本社を置くTSMC（台湾積体電路製造）は半導体受託製造の世界最大手です。

2024年には、日本の熊本県に大規模な新工場を建設し、日本国内でも大きな話題となりました。同社は、世界最先端の半導体製造技術を有し、効率的かつ強固なグローバル・サプライチェーンを構築しています。さらに、そのビジネスモデルは高い収益性を誇っており、投資家にとって数多くの魅力を備えています。

本来であれば、私の「推し企業」になっても何ら不思議ではない、きわめて優れた企業です。**しかし同社には、致命的とも言える懸念材料があります。それが中国リスクなのです。**

残念ながら、中国政府による台湾への軍事侵攻の可能性は否定できません。仮に台湾有事となれば、台湾経済は大混乱に陥るでしょう。そして、TSMCの株価も例外なく大暴落することは想像に難くありません。

中国本土に拠点を置く中国企業もまた、深刻な中国リスクを抱えています。

Tencent（テンセント）やAlibaba（アリババ）、BYDなど、中国には世界的にも高い競争力を持つ魅力的な企業が数多く存在します。さらに将来の飛躍的な成長が期待される有望なベンチャー企業も数多く台頭してきています。

例えば、自動運転用AIチップを開発するHorizon Robotics（ホライズン・ロボティクス）はその一例です。また、Zeekr（ジーカー）は、Alphabet、つまりGoogle傘下の自動運転車開発企業Waymo（ウェイモ）と共同で、自動運転車の開発を進めています。自動運転のリーディングカンパニーであるWaymoと共同開発を行うということは、業界の将来を担うきわめて有望なポジションにいると言えます。

しかし、これらの中国企業に投資するうえで、避けては通れない最大の障壁となるのが中国共産党の存在です。事実、Tencentは以前、中国共産党によるゲーム業界に対する規制強化という名目の「鶴の一声」によって、株価が大きく下落しました。中国共産党の動向は不透明で、いつどんな方針を打ち出すか、外部からはまったく予測できません。

しかも厄介なことに企業そのものの良し悪しや、技術力や成長戦略の優劣は関係ありません。中国共産党の一存、その場の政治的判断によって、企業経営に深刻な影響が及んでしまう。**最悪の場合、世界を変えようとしていたはずの革新的なビジョン自体が一夜にして吹き飛んでしまう。そんなリスクも存在するのです。**

このような予測不能な中国リスクがどうしても気になってしまうのです。私自身、かつてTencent株を保有していましたが、このリスクに耐えきれず、結局は手放してしまいました。

さらに、この中国リスクは「中国共産党の動向」だけの問題にとどまりません。今後、アメリカ政府が中国製品に対して、高関税を課す可能性も十分に考えられます。そうなると、例えばWaymoは自動運転車の調達先を現状のZeekrから、他の国の自動車メーカーへと、切り替えざるを得なくなるでしょう。

特にドナルド・トランプ氏が再び大統領になったことで、米中間の経済競争や貿易摩擦はさらに激化することが予想されます。中国リスクは今後、さらに深刻化していく可能性が高いのです。

つまり中国に関連する企業は、私たちの努力ではどうすることもできない、**予測不能な外部要因によって、大きな損失を被る危険性があります。**そんな中国リスクを抱える企業への投資はどうしても慎重にならざるを得ないのです。

売り時

お金が必要になったとき、必要な額だけ売る

長期保有を前提に投資をしていると、いざ利益を確定しようとする際に「売り時」の判断に迷ってしまうものです。

たとえ株価が大きく上昇しても「この会社ならまだまだ成長するはずだ」「この企業が好きだから手放したくない」と思うのは自然なことだと言えます。特に、推し投資の場合は企業への愛着が強いため、なおさら売却への心理的抵抗は大きくなります。

そのような状況で、どのように売り時を判断すれば良いのでしょうか。ひとつの明確な基準は「まとまった資金が必要になったとき」です。

例えば、家や自動車の購入、子どもの学費や留学費用など、人生の節目で大きな出費が

必要となる場面は誰にでも訪れるものです。そのようなタイミングで保有している株を一部売却し、必要な資金を捻出する。

実際、私もハワイの自宅にTesla製のソーラールーフを導入する際、テスラ株の一部を売却し、その資金を導入費用の一部に充てました。基本的に現金をほとんど保有しない私には、まとまった資金が必要になった際に株を売却する必要があったのです。

もうひとつ、売却の理由になり得るのが「別の推し企業が新たに見つかった」場合です。もし「もっと魅力的な投資先が見つかった」と確信できるならば、資金をそちらに移すため、優先度の低い銘柄から順に売却していくといいでしょう。

私はハワイの自宅用にTempur Sealy International（テンピュール・シーリー・インターナショナル）のマットレスを購入しました。当時、さまざまなメーカーの製品を調べ、実際にショールームで寝心地も試しました。その中で、Tempurのマットレスが私の体に最もフィットしたため購入したのです。そしていつものように、商品が気に入った場合はその企業の株も買うというポリシーに則り、Tempurの株も購入しました。

しかし、以前に比べてこの企業への思い入れは薄れてきているのが正直なところです。

購入から約4年経ちましたが、その株価はわずかしか上昇していません。もちろん、株価が上昇したこと自体は喜ばしいのですが、これまで経験してきたIT株のパフォーマンスと比較すると、どうしても見劣りしてしまいます。ビジネスの規模や成長スピードの面でも、物足りなさを感じるのも事実です。少なくとも私にとって、投資先としての優先順位はそれほど高くありません。現状、明確な売却理由がないため、そのまま保有し続けていますが、他により魅力的な投資先が見つかれば真っ先に売却することになるでしょう。

まとまった出費が発生したとき。あるいは新しい「推し企業」との出合いがあったとき。**そういったタイミングで「必要だから、仕方ない」と割り切って売るのが最も自然な売り時ではないでしょうか。**

経営者交代＝売り買いのターニングポイント

「まとまったお金が必要になったとき」に加え、経営者の交代のタイミングも絶好の売り時です。

ＣＥＯが誰であるか。これはその企業の長期的な経営戦略、企業文化、そして将来性を左右する最も重要な要素と言えます。長年の経営方針や企業文化が、一度の交代で大きく変わることも珍しくありません。

したがって、経営者が交代するタイミングで立ち止まってみるのはいいでしょう。「保有株を売却すべきか」「持ち続けるべきか」、あるいは「買い増すべきか」「新規に購入すべきか」をここで考え直すのです。

私自身の投資経験を振り返ってみてもMicrosoft株は、経営者の交代が明確な「売り」と「買い」の判断基準となりました。

私はスティーブ・バルマー氏がＣＥＯを務めていた時代にMicrosoft株を（社員持株会経由で保有していたぶんを除き）ほぼすべて売却してしまいました。

彼のＣＥＯ在任中、Microsoftは大きな変革を起こすこともなく、新たな成長戦略、明確な事業の方向性を打ち出せないという印象が拭えなかったからです。バルマー氏がＣＥＯを務めていた時期、MicrosoftはWindowsやOfficeといった既存のソフトウェア事業に依存しきっており、次世代の成長分野や、明確なビジョンを示すことができていませんでした。特にモバイル（スマートフォン）対応に出遅れ、将来への成長戦略に大きな不安を感じていました。

バルマー氏がCEOに就任後、株価も長期にわたって低迷。「これ以上、この銘柄を保有し続ける魅力、将来への期待は薄い」と判断し、売却を決断したのです。

その後、バルマー氏がCEOを退任し、サティア・ナデラ氏が新CEOに就任しました。彼は就任直後からクラウドファーストを掲げ、クラウド事業（Azure）への大規模な投資、オープンソース化への積極的な取り組みなど、大胆な経営改革を断行しました。

その結果、Microsoftの株価は見事に急上昇を遂げたのです。**私はナデラ氏がCEOに就任したあとの2015年前後から、Microsoft株を再び買い増し、現在では私のポートフォリオの重要な一角を占めるまでになっています。**

スターバックスについても同様の経験をしました。私はハワード・シュルツ氏が最初にCEOを退任した際に、保有していたスターバックス株を一旦すべて売却しました。

しかし、その後、シュルツ氏はCEOに復帰し、停滞していたスターバックスを再び力強い成長軌道に乗せました。私は彼がCEOに復帰したタイミングで「あのスターバックスらしい、顧客体験を重視した、革新的な店舗運営、経営戦略が戻ってくる」と確信。再びスターバックス株を購入したのです。実際に同社は私の期待どおり、力強い再成長を果たしてくれました。

その後、またもスターバックス株を売却することになりますが、それはコロナ禍というまったく別の外的要因によるものです。

経営者の交代というのは、企業にとって非常に大きなターニングポイントになります。**そして投資家にとっては、自分が保有している銘柄をあらためて見直す絶好の機会となるのです。**

「まずやってみる」精神が勝率を高める

ここまで、株の買い方や長期保有のメリット、分散投資の必要性、そして売り時など、私が投資をするうえで大切にしているさまざまなルールについてお伝えしてきました。

そしてこれらすべてのルールの根幹となる最も重要なマインドセット、それが「まずやってみる」精神です。

「まずやってみる」「まず作ってみる」という精神は、私がエンジニアとして最も大切にしている信条でもあります。

どんなにすばらしいアイデアでも、頭の中だけで考えていては実態を伴いません。プロトタイプ（試作モデル）でもいいから、まずは自分の手で何かを作ってみる。ここからすべてがはじまります。形にしてみることで初めて、「これはおもしろい」「これはちょっと違う」といった感覚的な判断ができるようになります。

「プロトタイプを作る」と聞くと、最初から完璧なものを目指してしまいがちですが、そんな必要はまったくありません。むしろ、粘土細工をするような自由な発想と気軽さで、どんどん試してみることが大切です。最初から完成度を求めすぎると、失敗を恐れて柔軟な発想ができなくなってしまうからです。

例えば、30分だけ時間を取って試しにコードを書いてみる。すると、自分でも予想していなかったようなおもしろい動きや、新たな機能のアイデアを発見できるかもしれません。もしうまくいかなければ、ためらわずに捨てて、次のアイデアを試せばいいのです。重要なのは、失敗を恐れず試行錯誤を繰り返すことです。

そしてこの「まず作ってみる」という精神は、メタトレンド投資や推し投資にも通じるものがあります。

とうぜん、作ってみる過程では多くの失敗も経験します。エンジニアとして私が書いたコードの背後には、その何倍もの「捨てられたコード」が存在します。投資でも同様です。

有望企業を10社見つけ、ウォッチリストに入れて継続的に観察していたとしても、最終的に自信を持って投資できるのは1社か2社ということも珍しくありません。さんざん時間と労力をかけて調べ上げた結果、確信が持てずに、投資を見送るケースも数え切れないほどあります。しかしその試行錯誤があるからこそ、「これは本当におもしろい」と確信できる企業に出合えたときの喜びもひとしおなのです。

重要なのは、最初から1社にすべてを賭けるような無謀な真似はしないということです。「10社のうち2社に投資できれば十分」というような、ある種の「気軽さ」を持って臨んでみてください。

投資もエンジニアリングも、失敗を恐れて何もしないことこそが最も大きな損失です。実際に手を動かし、試行錯誤することが、最も早く、そして確実な成功への近道なのです。

赤ん坊は「歩き方教室」に通わなくても、何度も転び、失敗しながら、試行錯誤を繰り返すことで、自力で歩けるようになります。それと同じように、投資においてもまずは自分で考え、行動してみる。その過程で得られた経験や肌感覚が次の投資判断をより確かなものにしてくれます。

この「まずやってみる」というマインドセットこそが、私が長年の経験から学び取った投資で最も重要な「成功の秘訣」です。予測困難で、不確実性の高い投資の世界において、あなたの成功確率を高めてくれるでしょう。

第6章

日本株、投資信託、金（ゴールド）、仮想通貨

リスクヘッジのための投資範囲拡大

「卵を1つのかごに盛るな」とは、分散投資によってリスクを軽減すべきという投資の格言です。たしかに、すべての卵を同じかごに入れていれば、そのかごを落としたときにすべての卵が割れ、全滅してしまいます。投資の世界に置き換えれば、資産全体が大きなダメージを受けてしまうリスクが大きくなってしまう。

しかし、卵を複数のかごに分けておけば、ひとつのかごを落としてしまっても、他のかごの卵は無事です。つまり、複数の銘柄に投資先を分散しておくことで、仮にA社の株価が暴落したとしても、B社の株価は影響を受けないかもしれない。それどころか、C社の株価はむしろ上昇する、といったことも十分に起こり得ます。

資産を分散することで、全体としてのリスクを効果的に軽減することができるのです。

ただし、同じ「株式」という枠内でいくら銘柄を分散させたとしても、その分散効果には限界があります。

例えば、リーマン・ショックやコロナ・ショックのような金融危機が発生すれば、ほぼすべての株式が大きく値を下げることになるでしょう。

そこで、より効果的にリスクヘッジを効かせ、資産を守りたいのであれば、株式という枠を超え、もう少し投資対象の幅を広げてもいいでしょう。

例えば、金（ゴールド）は株式に代わる有効な選択肢のひとつです。一般的に金の価格は、株式市場とは「逆相関」の関係にあると言われています。つまり、株価が下落する局面で、金価格は上昇する傾向にあると言われています。

国際情勢の悪化や金融危機が起きると、投資家はリスク回避のために、より安全な資産へと資金を移動させようとします。その結果、「安全資産」「避難通貨」として人気の金に資金が流入し、価格が上昇しやすいという特徴があるのです。

同様に、不動産や国債なども、株式とは異なる値動きをすることが多いため、検討の価値がある分散投資先です。より堅実な投資がしたい方は、株式に集中させるのではなく、こういった金融商品にも分散させることをおすすめします。

分散投資は「攻め」の戦略にもなる

株式と金（ゴールド）は「逆相関」の関係にあると言われます。

例えば、あなたが資産全体の4分の1を金で保有していたとします。株式市場が突然、大きく暴落した場合でも、金の価格が下落するケースは少ないでしょう。むしろ、安全資産として注目され、価格が上昇する可能性が高い。そうなった場合、株式の損失を、金の値上がり益で相殺することができます。

これによってポートフォリオ全体の下落幅を、ある程度抑えることができるかもしれません。

と、ここまでは「守り」の分散投資です。

ここからさらに「攻め」に転じることができます。値上がりした金を売却し、その資金で、暴落した株式を大量に買い増すというやり方です。

そうした「守り」と「攻め」を両立する資産運用を、私は不動産投資で実践した経験があります。

リーマン・ショック直後、私はあえて下落が続いていた不動産に積極的に投資しました。リーマン・ショックは、サブプライムローン（信用力が低く、好条件では融資が受けられない個人を対象とした住宅ローン）問題をきっかけとする金融危機です。そのため不動産市場は、株式市場以上に大きく、そして急速に下落していました。

市場全体がパニック状態に陥った結果、多くの不動産が異常なほど割安な価格で売りに出されていました。まさに「掘り出し物」「お買い得物件」が、街中にあふれかえっているような状況だったのです。

そこで私は、自宅のあるシアトル近郊で、将来的な値上がりが期待できそうな複数の優良物件に集中的に購入しました。その後、リーマン・ショックの影響から徐々に回復するにつれて不動産価格も順調に回復。最終的には高値で売却し、大きな利益を手にすることができたのです。

株式市場の暴落や、世界経済を揺るがす金融危機が起こると、市場全体が極端な悲観論に覆われます。そして、優良企業の株や優良物件までもが不当なまでに安値で売りに出されることがよくあります。

暴落時というバーゲンセールのタイミングでいかに機敏に動けるか。そのために、あらかじめ資産の一部を金などの安全資産に振り向け、暴落に備えておくと良いでしょう。

そう考えると、分散投資は単なる「守り」の戦略ではなく、市場の混乱をチャンスに変える「攻め」の戦略でもあるのです。

仮想通貨はいつの日か「安全資産」になる？

ビットコインを「デジタルゴールド」と呼び、金（ゴールド）のような、リスクヘッジ資産としてとらえる考え方があります。しかし私は、現時点では、ビットコインを〝デジタル版の金〟と呼ぶには時期尚早であり、不安定な要素が多すぎると感じています。

通常、国際情勢が緊迫化すると、投資家のリスク回避姿勢が高まります。そして株式市場から資金が流出、つまり株価は下落する傾向にあります。そして、その流出した資金がビットコインのような株式市場との相関性が低い資産へと向かう……という仮説が期待されていました。

しかし、ここ最近のビットコインや他の仮想通貨（暗号資産）全体の動きを見ていると、株式市場との逆相関の関係が見られません。むしろそれどころか、株価と連動しはじめているような印象すら受けるのです。

リスクマネジメントの観点から見れば、現時点では、金に軍配が上がります。金の価格は国際情勢の緊迫化などがあると、しっかりと上昇しています。それは長い歴史と世界的な信用が背景にあるからでしょう。

一方、ビットコインをはじめとする仮想通貨の市場は、歴史が浅く、成熟度に欠けています。また、各国政府による規制強化や取引所へのハッキングなどの技術的なトラブルも多発。そういった多くの外的要因によって、価格が乱高下しやすいのが現状です。

このような状況を踏まえると、ビットコインは株式に対するリスクヘッジの手段として

は、まだ力不足と言わざるを得ないでしょう。実際、私はビットコインを少しだけ保有していますが、やはり期待したほどのリスクヘッジ効果を発揮していないというのが正直な感想です。

あくまで「いつか金のような安全資産として認知される日が来るかもしれない」という可能性を排除しきれないため、試しに保有している。それくらいの感覚です。現時点で、ビットコインが金と肩を並べる存在になるには、まだ長い道のりがあるでしょう。

将来的にビットコインが金に代わる新たな安全資産として、その地位を確立する可能性も完全に否定はできません。しかし、それが実現するには、規制や技術面の課題をクリアしなければならない。さらには投資家の間で「ビットコインなら信頼できる」という世界的なコンセンサス（合意）が生まれる必要があります。

どれほど画期的なテクノロジーや概念を備えていようとも、「安全資産」としての実績を積み重ねるには、それなりの年月と信用を要するものなのです。

ビットコインはどこまで値上がりするのか？

仮想通貨市場は２０２２年に起きた暗号資産取引所大手のFTXの経営破綻をはじめ、相次ぐ失態により長期の低迷期に突入しました。

しかし、２０２４年アメリカ大統領選挙で、仮想通貨支持を公言していたドナルド・トランプ氏が勝利。新政権は仮想通貨に対する規制緩和の方針を打ち出しました。これを受け、再び仮想通貨市場全体に大きな活気が戻りつつあります。実際、ビットコインの価格は、一時１５００万円を突破しました。

さらに、アメリカ政府が巨額の財政赤字を抱え続けていることから、米ドルに対する不信感を募らせている投資家たちが一定数います。**そういった投資家たちの間では、資産の一部をビットコインなどの仮想通貨に退避させようとする動きも一段と強まっています。**

しかし、このような仮想通貨を取り巻く環境の変化や、ビットコイン価格の飛躍的な上昇をもってしても、私は資産の多くを投資する気にはなれません。その大きな理由は、仮想通貨が本質的に「価値を生み出す仕組み」や「利益を生み出す事業構造」を持たないからです。

株式投資であればその企業の価値を、ある程度客観的に評価することができます。しかし、ビットコインは企業のように配当を生み出さず、金（ゴールド）のように実用的な価値も持ちません。すると、その適正価格を算定することは原理的に不可能です。

私に言わせれば、ビットコインなどの仮想通貨は〝実態のない不思議な会社の株式〟のようなものです。ＰＥＲ（株価収益率）もＰＢＲ（株価純資産倍率）も算出不能（あるいは無限大）。従業員も存在せず、将来的に株式の分割や併合、増資や自社株買いなどで株式数が増減することもありません。

株式は、企業の成長性や利益を生み出す事業構造そのものに投資することができます。しかし仮想通貨は、あくまでも需要と供給のバランスで価格が決まります。**つまり、市場参加者の思惑に、その価格形成が委《ゆだ》ねられてしまいます。**

そのため、本質的な価値の裏付けに乏しく、価格変動がきわめて大きく、乱高下しやすい。非常に高いリスクを抱える存在なのです。

ビットコインが高騰しているというニュースを見ると「もう少しビットコインを買っておけばよかったかもしれない」と後悔する気持ちも確かにあります。**しかし「価値を創出する、実体的なビジネスモデルが存在しない」という点がどうしても引っかかります。**

トランプ政権の誕生によって、仮想通貨への資金流入が加速し、値上がりは今後も続くかもしれません。しかし、だからといって、長期的に安定した価値を持つ資産と呼べるかどうかは依然として不透明です。

今後も、各国政府による規制強化の動きなどによって仮想通貨市場が大きく変動する可能性は十分に考えられます。

ビットコインがこれから広く普及し、価格が安定するには、まだまだ多くの課題が残されているのです。

現在、私はビットコインとイーサリアムを少量保有していますが、当面はそのままにしておく予定です。これは将来の成長性に強い確信を持っているからというわけではなく、あくまでも「売る理由がない」という消極的な保有です。同時に、積極的に買い増す理由も見当たらないので、しばらくは放置を続けようと思っています。

ブロックチェーンは「メタトレンド」になりえない

私はかつて、ビットコインをはじめとする仮想通貨、そしてそれを支える基盤技術であるブロックチェーンに「メタトレンド」としての大きな可能性を感じていました。通貨革命とも呼べる、社会変革への大いなる期待を抱いていたのです。

しかし、残念ながら、現時点ではその期待は大きく裏切られています。私がメタトレンドだと思うリストからもブロックチェーンは外れてしまいました。

かつては「ビットコインで日常の買い物ができるようになる」という未来像が語られていました。また「イーサリアム上のスマートコントラクト（コンピュータープログラムによる契約の自動化）が、あらゆるビジネスシーンで活用され、契約の自動化や効率化を実現する」とも予想されていました。

ブロックチェーン技術が、社会インフラとして広く普及し、人々の生活やビジネスの在り方を一変させると、まことしやかに語られていたのです。

しかし、あれから長い年月が経ったにもかかわらず、革命と呼べるような、世の中を根本から変える変化はいまだ起こっていません。そして、そのような理想的な未来はおそらく今後も訪れないだろうと私は考えています。

この業界で存在感を示しているものと言えば「DeFi（ディーファイ：分散型金融）」でしょう。これは「仮想通貨を預け入れれば、高い利回りを得られるかもしれない」という実態のよくわからない投機的なサービスです。

あるいは「遊ぶだけで儲かる」を謳い文句にした「GameFi（ゲーミファイ）」、いわゆるブロックチェーンゲームくらいが一般ユーザーの目に触れる形で残っています。

つまり、「ラクに簡単にお金儲けをしたい」という人間の欲望や射幸心につけ込んだ、投機的なビジネスモデルだけが辛うじて生き残り、幅を利かせている状況なのです。

それが好きな人がいるならば、それはそれで良いでしょう。しかし、少なくとも私はそのような「投機」の世界には参加したくありません。

別に法律に触れるような、後ろめたいビジネスというわけではありません。こういったビジネスを続けても逮捕されるような心配はおそらくないでしょう。

しかし、いくら合法的なビジネスであっても、タバコを販売するようなビジネスと同じようなものです。タバコ産業の本質はニコチン依存症患者を半永久的なリピーターにすることで、長期的に安定して利益を上げているビジネスです。社会に対して、何ら価値を提供していません。

今のところブロックチェーンを使って成立しているビジネスは、このようなタバコ産業と本質的には同じだと考えています。

ＩＴやテクノロジー業界が目指すべきは「人々の暮らしを豊かに、便利に変える、真に価値あるテクノロジーやサービスを創り出すこと」だと私は考えています。そこに、ユーザーが実際に利用するシーンがあり、人々が喜んでお金を支払う健全な対価の交換があって初めて、経済的なリターンも生まれるのです。

しかし、仮想通貨やブロックチェーンに関しては、いまだにその「納得できる使い道」、つまり人々に広く普及するイメージがまったく見えてきません。

そのため、現時点では投資対象としても、ビジネスのネタとしても、大きく失望し、興

味もありません。とっくにメタトレンドからは外れてしまっているのです。

銀行預金が招く機会損失

銀行預金には「元本保証」があるため、一見すると安心で安全に感じられます。ペイオフ制度により、銀行が破綻しても1000万円までの預金と利子は保護されるからです。

しかし、だからといって、預金しておくだけで資産が確実に増えるわけではありません。むしろ、日本やアメリカなどでインフレが進行している状況下では、現金の価値が目減りするリスクを抱え続けることになります。

さらに銀行預金の金利はごくわずかです。**例えば、2024年の日本銀行の追加利上げを受けてメガバンクが預金金利を引き上げました。しかし、その金利は0・02%から0・1%になった程度。**100万円の預金で、年間の利子はわずか1000円です。

その一方で、使わないお金を投資に回せば、預金金利をはるかに上回るリターンが期待できます。

最近、日本で新NISA（少額投資非課税制度）がはじまり、S&P500や日経平均株価などの株価指数に連動するインデックスファンドが大きな注目を集めています。インデックスファンドでは、平均して年率5%程度のリターンが期待できるとのデータもあります。

さらに個別株投資であれば、「メタトレンド」や「推し企業」をうまく見極められると、もっと高いリターンを得られるチャンスがあります。

もちろん、投資にはそれ相応のリスクが伴います。しかし、そのリスクと引き換えに、銀行預金と比較にならない利回りを得られる可能性が生まれます。

銀行預金がまったく不要かといえば、そうではありません。生活費や緊急時の出費に備える資金を預金しておくことは大切です。

ただし、それ以外の資金もすべて銀行に置いたままだと、インフレによる価値の目減りもさることながら、投資による資産成長の機会も逃してしまいます。必要以上に預金を増やすのもまたリスクなのです。

夢はないが堅実なインデックスファンド

「銀行預金のリスクはわかったが、メタトレンド投資や推し投資のように自分で積極的に銘柄を選ぶのはハードルが高い」「個別株投資はめんどくさそうだし、やはりそのリスクも心配だ」

そんなふうに感じる方も決して少なくないでしょう。たしかに個別の企業選びの難しさやひとつひとつの企業を分析する手間、そして個別株投資に伴うリスクを考えると、二の足を踏んでしまうのも無理はありません。

そんな人にもおすすめなのが「投資信託」です。投資信託は、多くの投資家からお金を集めて、ファンドマネージャーと呼ばれる運用のプロが、そのお金をまとめて株式や債券など複数の資産に投資、運用する金融商品です。投資信託のなかでもおすすめなのはインデックスファンドやETF（上場投資信託）への投資です。

インデックスファンドとは、S＆P500や日経平均株価など特定の指数（インデックス）

と同じ値動きを目指す運用方法（インデックス運用）を採用している投資信託のことです。一方のETFは、投資信託の一種ですが、証券取引所に上場されており、株式のようにリアルタイムで取引することができます。

インデックスファンドやETFへの投資は、個別株投資のように短期間で株価が数倍、数十倍に化けるような、爆発的なリターンは期待できません。

しかし、それは裏を返せば、大きな損失を被《こうむ》るリスクもそれだけ小さいということです。世界経済の中長期的な成長の恩恵を着実に享受できる可能性が高い、堅実な投資手法とも言えます。

さらに何と言っても、投資の手間がほとんど不要であるという点は、忙しい現代人にとって非常に大きなメリットです。インデックスファンドやETFは、市場全体や特定の指数に連動するように、自動的に幅広い銘柄に分散投資されます。そのため、個別銘柄をひとつひとつ分析して選ぶといった膨大《ぼうだい》な時間と労力を費やす必要はありません。

また、メタトレンド投資と同様に、10年、20年、あるいはそれ以上の長いスパンでじっくりと時間をかけて資産を育てていく、長期投資を前提とした投資手法です。そのため、投資をスタートしたあとは基本的に放置していて問題ありません。短期的な景気の変動や、個別企業の業績、株価の乱高下に一喜一憂し、精神的に疲弊することもないでしょう。

「投資先の企業が経営破綻して、自分の投資したお金がゼロになってしまったらどうしよう」といった、個別株投資につきまとう不安や心配とも無縁です。

インデックスファンドやETFは、多数の企業に分散投資されています。仮にひとつの企業が倒産したとしても、その影響は限定的であり、資産全体がゼロになるリスクは極めて低いのです。

私はメタトレンド投資や推し投資といった、個別銘柄への積極的な投資を行っています。しかしETFにも一部資金を振り向けています。

Microsoft時代に、アメリカの企業型確定拠出年金制度「401K」（日本の企業型DCやiDeCoに相当）を通じて投資してきました。

具体的には「バンガードS&P500 ETF」「バンガードラッセル1000グロース株ETF」などに長期にわたって投資しています。

インデックスファンドやETFに投資する際にも個別株投資同様、ドルコスト平均法による積立投資を行いましょう。高値つかみを防ぐ目的です。そしてiDeCoやNISAなど税制優遇が受けられる枠を活用すれば、効率良く長期投資ができます。

はっきり言って、推し投資やメタトレンド投資に比べると「夢」や「おもしろさ」はありません。しかし、株式投資へのハードルを大きく下げ、長期的な資産形成を手堅く行う手段として、インデックスファンドやETFは非常に優秀です。「投資はやりたいけど個別銘柄選びに時間をかけたくない」という方にとって、インデックスファンドやETFはちょうどいい落としどころだと思います。

投資信託選びの落とし穴

個別株投資に消極的な人にとってインデックスファンドやETFは優秀な金融商品です。

ただし、注意すべきなのが「信託報酬（手数料）」です。

もし銀行や郵便局、証券会社の窓口で投資信託について相談しようものなら、容赦なく販売手数料や信託報酬の高い商品を売りつけられます。当たり前ですが、手数料が高ければ高いほど、最終的に手元に残る利益は確実に減ってしまいます。どんなにインデックスファンドやETFのパフォーマンスが好調であっても、高い手数料を支払い続けていれば大きな損失につながりかねません。

特にインデックスファンドやETFは、一度購入したら基本的に長期間保有し続けることが前提の金融商品です。そのため、わずかな手数料の差でも長期間積み重なり、「塵も積もれば山となる」のです。

インデックス投資やETF投資は、基本的に投資をはじめたら放置しておいて問題ありません。**だからこそ、投資をはじめる最初の「商品選び」でできるだけ手数料が低く、コストパフォーマンスに優れる商品を選ぶことに徹底的にこだわるべきです。**

ちなみに、私も運用している「バンガードS&P500 ETF」は信託報酬が年率0・03%と驚異的な低コストです。

インデックス投資やETF投資のメリットは「資金を預けて寝かせておくだけで、コストを最小限に抑えつつ、それなりに市場の成長の恩恵を受け取れること」です。そのメリットを最大限受けるには「バンガード S&P500 ETF」くらい少ない信託報酬の商品を選ぶべきでしょう。

販売手数料や信託報酬といった手数料を抑えるには、基本的には「人」を介さない取引が有効です。**つまり、ネット証券を利用することです。**

銀行や郵便局、証券会社の窓口は、人件費や店舗維持費などのコストがかかるため、どうしても手数料が高くなりがちです。一方、ネット証券であれば、それらのコストを大幅に削減できるため、結果としてコスパに優れた魅力的な商品を提供できるのです。

アクティブファンドは買ってはいけない

銀行や郵便局、証券会社の窓口で投資信託について相談すると「アクティブファンド」を勧められることがあります。しかし手を出してはいけません。**アクティブファンドは往々にして高い手数料が設定されており、あなたの資産を静かに、しかし確実に蝕《むしば》んでい**

くからです。

アクティブファンドとは、S&P500や日経平均株価などの特定の指数を上回る投資成果を目指して運用される投資信託のことです。ファンドマネージャーと呼ばれる運用の専門家が、独自の判断で銘柄選定や売買を行います。

しかし、過去の運用実績を見てみると、インデックスファンドのほうが圧勝しているのです。

アクティブファンドがインデックスファンドを上回るリターンを、毎年安定して継続的に叩き出し続けるケースは稀です。特に、5年、10年、20年といった長期で見れば見るほど、平均的にはアクティブファンドがインデックスファンドに負けてしまう傾向が数多くの調査研究によって報告されています。

アクティブファンドがインデックスファンドに負けてしまう理由は、その高い手数料にあります。アクティブファンドの運用会社は、高度な専門知識と経験を持つ高給取りのファンドマネージャーを雇い、さらに顧客を獲得するためのマーケティング活動も展開する必要があります。

それらの莫大なコストを、アクティブファンドに投資する投資家たちが高い手数料という形で負担しているわけです。

手数料を除いたパフォーマンスは、平均すればインデックスファンドと同じくらいですが、手数料のぶんだけパフォーマンスが悪くなる。そのようなアクティブファンドを積極的に選ぶメリットは、残念ながら何ひとつ見当たりません。

「S&P500」か「オール・カントリー」か

インデックスファンドやETFを活用し、幅広く分散投資を行う場合、メタトレンドや個別の企業に対する「推し」の感情は、それほど重要な判断基準ではなくなります。

この場合、特定の業界や企業を応援するというよりは、特定の市場や地域全体の経済成長に期待することになるからです。

そこでよく議論になるのが、「S&P500」と「オール・カントリー型（全世界株式）」のどちらを選ぶべきかという二者択一の問題です。

これは突き詰めれば、「アメリカ一国の経済成長に賭けるのか」、それとも「全世界の経済成長に賭けるのか」の選択と言えるでしょう。

S&P500は、アメリカを代表する大型株500銘柄で構成される株価指数です。

ここ数十年の世界経済を振り返ってみると、ITをはじめとするテクノロジー企業を中心に、アメリカが常に世界経済の成長を牽引《けんいん》してきました。GAFAM（Google、Apple、Facebook ※現Meta、Amazon、Microsoft）を筆頭に、アメリカには世界を変える力を持った革新的な企業がひしめいています。その勢いはGAFAMだけにとどまりません。Teslaや NVIDIA、世界的な製薬会社であるEli Lilly（イーライリリー）、そしていまだ上場は果たしていないものの、宇宙開発で世界をリードするSpaceXなど、各分野で世界を席巻するそうそうたる企業が揃っています。

さらに、アメリカはイノベーションを促進し、企業の成長を後押しする理想的な土壌にも恵まれています。積極的な移民政策による継続的な人口増加や、規制緩和、資金調達のしやすさなどが後押しするからです。

「今後もアメリカが世界経済の中心であり、最も力強く成長し続ける」と信じるなら、ここはシンプルにS&P500に連動するインデックスファンドを選べば良いでしょう。

一方、オール・カントリー型は、先進国から新興国まで全世界の幅広い地域の株式市場に分散投資するアプローチです。約6割程度の割合をアメリカ株が占めますが、アメリカほど成長は期待できない国や地域も含まれます。

アメリカ市場だけに投資する場合と比べれば、爆発的なリターンは得にくいかもしれません。しかし、国ごとの景気変動や地政学リスクなどを平均化しながら、世界経済全体の成長の恩恵をまるごと受け取ることはできます。

過去を振り返れば、先進国が力強く成長する時期もあれば、新興国が急成長を遂げる時期もありました。

「アメリカ一強の時代が終わると思う」「将来的にどの国や地域が成長するか、予測が難しい」と考えるなら、全世界株式に投資するオール・カントリー型を選ぶのが無難な選択と言えるでしょう。

私はアメリカに生活の拠点を置いていることもあり、基本的にはアメリカ経済の成長に賭けたい気持ちが強くあります。**そして、401K（アメリカの企業型確定拠出年金制度）でS&P500のパフォーマンスに連動する投資成果を目指す「バンガードS&P500 ETF」も運用しています。よって「S&P500か、オール・カントリーか」と問われれば、私の答えはS&P500です。**

「日本市場」は期待薄

日本企業の中には、潤沢な資産を持ちながらも、それを有効活用できていない企業が数多く存在します。典型的な例が、PBR（株価純資産倍率）が1倍を割り込んでいる企業です。

PBRとは、「株価が1株あたり、純資産の何倍になっているか」を示す指標です。このPBRが1倍を割ると、理論上「企業を解散し、保有資産をすべて現金化して分配したほうが株主にとって得である」ということになります。

アメリカであれば、PBRが1倍を割る企業は敵対的買収の格好の標的になります。そして、買収後には事業の切り売りや、資産売却などが行われ、企業価値の向上、つまり株価の上昇が図られます。

しかし日本ではアメリカのような敵対的買収は容易ではなく、結果として非効率な経営が温存されてしまっているのです。

私の友人に、いわゆる「ハゲタカファンド」の関係者がいます。彼は日本企業の買収について「非常にやりにくい」と言っていました。日本で企業買収を試みると、政府が介入してくることが多いというのです。実際、彼のファンドは東芝に対し、株主提案などを通じて経営改革を迫ろうとしましたが、日本政府の介入によって大きな困難に直面したと語っていました。

2024年8月、カナダのコンビニエンスストア大手、アリマンタシォン・クシュタールルがセブン&アイ・ホールディングスに対して、買収提案を行いました。この動きを受けてか、財務省はセブン&アイを外為法《がいためほう》（外国為替及び外国貿易法）上の「コア業種」に分類しました。外為法は国家安全保障の観点から、重要な業種を「指定業種」や「コア業種」として指定し、海外投資家からの投資に対して、より厳格な規制を設けています。

もともとセブン&アイは「コア業種以外」に分類されていました。しかし今回、コア業種に変更されたことで、海外投資家からの買収のハードルが格段に上がります。財務省はセブン&アイをコア業種に分類した理由について公式には明らかにしていませんが、これによりクシュタールによるセブン&アイの買収は極めて困難な状況となりました。

東芝のように、高度な技術や、国防に関わる事業を有する企業の場合、外為法による規制は仕方ない部分があるかもしれません。しかし本来、安全保障とは無縁のはずの流通や小売企業に対して安全保障の話が出てくるあたり、日本市場の特異性や閉鎖性が垣間見《かいまみ》えます。

今後、日本でもアメリカのように買収を通じた企業の新陳代謝が活発になれば、経済が大きく成長していくチャンスはあるでしょう。日経平均株価の上昇も期待できるかもしれません。**しかし、直近のセブン&アイの事例を見るに、その道程はまだまだ遠い気がします。**

さらに日本は、少子高齢化というきわめて深刻な構造問題を抱えています。出生数を見れば、将来の人口動態はほぼ正確に予測できます。20年後に20歳になる日本人の人口は、現在の0歳児の数を超えることは絶対にあり得ません。

減っていく人口や労働力を補うには移民が有効ですが、日本は移民の受け入れに消極的です。

日本と対照的なのがアメリカです。世界中から優秀な人材を集める積極的な移民政策が経済成長の大きな原動力となっています。実際、Microsoft や Google といった、世界を代表する巨大IT企業のCEOはいずれもインド系移民です。白人の人口比率は低下傾向にありますが、先進国にしては珍しく人口も増加中。経済成長率は先進国の中でも群を抜いています。

少子高齢化が進み、移民の受け入れも難しい。そうやって人口や労働力、生産年齢人口が減少し続ける日本のGDP（国内総生産）が今後、大きく成長することはかなり難しいと言わざるを得ないでしょう。

かつて「ジャパン・アズ・ナンバーワン」と言われ、その圧倒的な競争力で世界市場を席巻した日本企業も、いまや当時の勢いはありません。

日本企業が世界経済に与える影響力は格段に低下し、以前のように「脅威」として見られることもなくなりました。今、アメリカをはじめとする西側諸国が最も「脅威」と感じているのは間違いなく中国です。

こういった背景を考慮すると、「日本市場」全体を〝買い〟だと判断することは難しい。日経平均株価に連動するインデックスファンドなどは、長期的な資産形成の手段として心もとないと言わざるを得ません。

日米の経営スタイルの違いから見える可能性

アメリカ市場と比べたとき、日本市場への投資に強い確信を持てない、もうひとつの理由があります。それが「経営スタイル」の違いです。

多くのアメリカ企業は、徹底した効率性と合理性を追求します。実は数年前から、アメリカでは「鍵屋」が、急速に姿を消しつつあります。かつては鍵屋の店主が、その場で合鍵を複製してくれるのが当たり前の光景でした。しかし最近では大型ショッピングモールやホームセンターの一角などに、「鍵の自動複製機」が設置されているのです。そこで簡単に、そして安価に、合鍵を複製できるようになっています。

ちなみに、機械に対応していない特殊な形状の鍵の場合、一大事になります。人の手、つまり専門の技術を持った鍵職人に対応してもらわないといけません。しかし効率化の波によって、昔ながらの鍵職人の多くはすでに廃業してしまっています。急な鍵のトラブルに見舞われた際に、途方に暮れてしまうケースも出てきているのです。

アメリカの企業は「人件費を削減できれば、そのぶん利益率が向上する。ならば、より安価な機械に置き換えよう」と合理的な判断をすみやかに下します。一部の人にとっては不便になるかもしれませんが、それくらいドラスティックに合理化や効率化を断行するのです。

アメリカの雇用スタイルは一見すると非常にドライで、冷徹な印象を与えるかもしれません。しかし人件費を抑えることで高い利益率を確保し、それを従業員の給与アップにつなげるのです。

また、雇用の流動性が高いため、業績不振によってリストラされても、別の成長企業や景気の良い業界へと比較的容易に転職することができます。ある企業が４０００人をリストラしたとしても、その４０００人全員が路頭に迷うわけではないのです。

こうしたダイナミズムこそが、アメリカ経済の強靭な競争力やイノベーションにつながっています。そしてアメリカ株式市場を全体として押し上げてきました。

対照的に日本は終身雇用や年功序列といった、日本特有の雇用慣行がいまだに根強く残っています。

例えば銀行の窓口に行くと、「番号札発券機」の横に操作方法を案内するスタッフが必ずと言っていいほど立っています。わざわざ機械を導入して効率化を図っているのに、その機械の横に人間が立って案内している。この光景は、外国人から見ると異様でしかありません。

アメリカであれば、あの「番号札発券機」の横に立っているスタッフは真っ先にリストラ対象になるでしょう。しかし日本で大規模なリストラを断行しようとすれば、社会的批判にさらされがちです。

したがって日経平均株価を構成するような日本企業の多くは、人件費や人員を削減したくてもなかなか思うようにできないのが実情です。

こうした日本特有のビジネス環境では、抜本的な改革や、業務の自動化、効率化が進むわけがありません。

さらに、日本企業は景気後退や業績悪化の局面においても、思い切った人員削減に踏み切りづらい傾向があります。**そのため、経営環境の変化にすみやかに対応することが難しく、業績の急激な悪化を招きやすいと言えるでしょう。**

もちろん、日米どちらの経営スタイルに優劣があるのか、単純に結論づけることはできません。日本型の雇用慣行には「雇用の安定」「従業員の高い帰属意識」「長年の経験に基づく、熟練した技術力の蓄積」といった利点もあります。

しかし「企業としての競争力」という観点から見れば、景気や企業の業績に応じて柔軟に雇用を調整できるアメリカと、それが難しい日本とでは、どちらが国際競争を勝ち抜

き、業績を上げ、株価も上がりやすいか。その答えは、火を見るよりも明らかです。

個別の日本株にはチャンスあり

日本経済は、〝日本全体〟で見ると構造的な課題を抱えています。特に少子高齢化による市場縮小や成長率の鈍化はこれからますます避けられないでしょう。**したがって私は日本市場を対象にしたインデックス投資やETF投資を行うことはありません。**

しかし、個別企業に目を向けた場合には、まったく別の景色が見えてきます。

日本経済を待ち受ける厳しい状況とは裏腹に、海外市場で圧倒的な競争力を発揮し、目覚ましい活躍を見せている日本企業は少なくありません。

例えば2020年、アメリカの著名投資家ウォーレン・バフェット氏率いるバークシャー・ハサウェイが、日本の5大商社（三菱商事・三井物産・伊藤忠商事・住友商事・丸紅）へ投資を行ったのは大きなニュースになりました。さらに2022年には買い増しを行ったことも明らかになっています。「投資の神様」とも呼ばれるバフェット氏がいかに日本の商社に高い評価を見出しているかがうかがえます。

商社以外にも、電子部品や精密機器で世界的なシェアを誇る村田製作所や京セラなど、国際競争力に長《た》けた企業は少なくありません。

このような海外での売上が大きい企業であれば、国内市場の縮小から受ける影響は比較的軽微で済むでしょう。

私の投資の中心はアメリカ企業への個別株投資です。アメリカに住んでいると日本企業の個別株投資にはいくつかのハードルがあり、気軽に投資できません。しかしその中でも独自の強みや将来性を感じ、厳選して投資した日本企業がいくつかあります。

例えば、日本の大手化学メーカーである**信越化学工業**。同社は、半導体の基板材料となるシリコンウエハーで、世界シェアトップを誇る優良企業です。長年の研究開発によって培われた世界最高水準の技術力を保有し、半導体産業の発展に必要不可欠な存在となっています。

さらに同社は、将来的に半導体製造の主流材料がシリコンから窒化ガリウムに置き換わる可能性を見据えています。実際に、窒化ガリウム半導体の研究開発にも積極的に取り組んでいます。

現時点では、本当にシリコンから窒化ガリウムへの本格的な置き換えが起こるのか、そしてそれがいつごろ、どの程度の規模で起こるのか、正確にはわかりません。しかし私は、同社の将来を見据えた先見性と技術力の高さに大きな可能性を感じています。そしてなにより「応援」の意味も込めて株を購入しました。

また、バフェット氏が投資したことでも話題になった**伊藤忠商事**は、私自身、以前仕事の関係で大変お世話になった企業です。その際に、非常に優秀な社員の方々と出会い、彼らの仕事への情熱に強い感銘を受けました。その経験がきっかけとなり、同社の株を長期保有しています。

最近、新たにポートフォリオに加えたのが富士フイルムホールディングスです。富士フイルムは、画像解析ＡＩの医療分野への応用や、医療用タンパク質の生産事業など、将来性の高い分野に積極的に投資を行っています。保守的な企業が多い日本企業の中にあって、珍しく〝攻め〟の姿勢が感じられたので株を購入しました。

もっとも、ここで挙げた企業はあくまで私の視野に入ったから投資したまでです。日本には私がまだ知らないだけで、世界に誇れる高い技術力や、革新的なビジネスモデルを持った魅力あふれる企業が数多く存在するはずです。将来が楽しみな「ダイヤモンドの原石」のような企業を探し当ててみてください。

その際、私が読者の方ひとりひとりに対して、手取り足取り詳細にアドバイスすることはできません。もちろん、私が発行しているメルマガで質問をいただければ、その企業の強みや弱みなどはある程度お答えできるかもしれない。

しかし、何度も繰り返しお伝えしているように、あなた自身が、みずからの力で確信できる企業を見つけ出してほしいと思っています。みずから見つけ出し、その企業の成長を見届け、最終的に大きなリターンを得られたときの喜びは、他の何物にも代えがたい格別なものだからです。

日本企業に個別株投資をするとしても、結局のところ成功するための鍵は「メタトレンド」と「推し」です。

まずは時代の大きな流れである「メタトレンド」を的確にとらえる。次にあなた自身の「推し投資」のエッセンスを掛け合わせる。この2つを軸に、ご自身の興味や関心を原動力として、投資すべき企業を見つけてほしいと思います。

であれば、日本企業であれ、海外企業であれ、投資の真の楽しさと、高いリターンの両方を手に入れることができるでしょう。

そこでの成功体験があなたの人生をより豊かに、よりエキサイティングにしてくれるはずです。

おわりに

数多くある書籍の中から、本書を選んでいただきありがとうございます。

私が毎週火曜日に発行しているメルマガ「週刊 Life is beautiful」には毎週、たくさんの質問が寄せられてきますが、その半分ぐらいが「Tesla の株はまだ上がりますか？」「次に NVIDIA のように上がる株はどれですか？」のような株に関する質問です。

私が、Tesla、NVIDIA、Apple などの株を長期にわたって保有した結果、大きな含み益を抱えていることを聞きつけてのことだと思いますが、個別の株について、特に、買い時・売り時を訊《たず》ねられても、とても困ってしまいます。

「投資アドバイザー」でもない私には、無責任な回答はできないからです。

出版社の方から、本書の執筆に関するオファーがあったときも、最初は悩みました。株の投資手法に関する書物はすでにたくさんあるし、私のような投資スタイルが、短期的に株で利益を上げようとしている人たちにマッチするとは思えなかったからです。

しかし、日本でもNISA（少額投資非課税制度）、新NISAのような制度がはじまり、これまで株の取引をしてこなかった人たちが、引退後に安心して生活できるようにと、積み立て式で長期に株を保有するようになるのであれば、私のような投資スタイルを参考にしていただくのも悪くないかも知れない、と感じたので執筆を決めました。

技術の進歩により、世界は大きく変わりつつあります。特に最近は、ＡＩが専門家たちの予想以上のスピードで進化を遂げており、18世紀後半にイギリスではじまった産業革命や、20世紀末期からスタートした情報・インターネット革命以上の変革を社会全体にもたらそうとしています。

とうぜんですが、大きな社会的変化は、旧来型のビジネスを破壊し、新しい波に上手に乗ることができたビジネスに多大な利益をもたらします。

私の投資手法は、そんな大きな社会の変化（メタトレンド）を先読みし、次の時代に活躍するであろう企業の株を、10年を超すような長期に「ガチホ」するスタイルです。

2010年代には、テクノロジー業界を牽引《けんいん》するAlphabet（Google）、Apple、Meta（当時はFacebook）、Amazon の4社の頭文字をとったGAFA、もしくはそれにMicrosoftを加えたGAFAMという言葉が流行りました。

しかし、メタトレンドに注目していた私には、その次にEVとAIの時代が来ることは明らかで、その2つの業界の中で、Tesla と NVIDIA を選ぶことはそれほど難しいものではありませんでした。

この手の株は、乱高下もするので、短期で利鞘《りざや》を上げようとすると痛い目にあう可能性が大ですが、メタトレンド投資の観点から、これぞと見込んだ会社の株を10年を超える長期で保有すれば、株価の乱高下や、景気の浮き沈みに左右されることなく、しっかりと利益を上げることが十分に可能だと私は思います。

「会社の株を持つ」ということは、その会社の持ち主・ファン・当事者となって、社会に積極的に参加することを意味します。

本書を読んだ方が、自分の強みを生かした「自分なりのメタトレンドの読み方」を習得し、10年、20年という単位で「ガチホ」する価値があると思える会社（推し）を1つでも、2つでも見つけることができることを切に願います。

2025年2月

中島　聡

中島聡　なかじま・さとし

エンジニア。起業家。投資家。

1960年北海道生まれ。早稲田大学大学院理工学研究科修了。高校時代からパソコン系雑誌「週刊アスキー」において記事執筆やソフトウェアの開発に携わる。大学時代に世界初のパソコン用CADソフト「CANDY」を開発し、在学中にして約3億円のロイヤリティーを稼ぐ。

1985年、同大学院を卒業し、NTTの研究所に入所。1986年、マイクロソフト日本法人に転職。1989年、米マイクロソフト本社に異動。ソフトウェアアーキテクトとしてWindows95、Internet Explorer3.0/4.0、Windows98の基本設計を手がける。Windows95に「右クリック」「ダブルクリック」「ドロップ&ドラッグ」などの機能を実装し、世界に普及させた。

2000年、米マイクロソフトを退社。同年、Xevo（旧UIEvolution）を創業し、全米ナンバーワンの車載機向けソフトウェア企業に成長させる。2019年、Xevoを3億2000万ドル（352億円）で売却。

現在、iPhone、iPadのアプリをはじめとした、さまざまなソフトウェア開発を行っている。シアトル在住。

人気メルマガ「週刊 Life is beautiful」は約2万人の会員数を誇り（2025年2月時点）、まぐまぐ大賞2024・総合大賞1位を獲得。

著書に15万部を超えるベストセラー『なぜ、あなたの仕事は終わらないのか』（文響社）など。

メルマガ　週刊 Life is beautiful

ブックデザイン　山之口正和＋齋藤友貴（OKIKATA）
組版　キャップス
校正　鷗来堂
構成　加藤純平（ミドルマン）
編集　崔鎬吉

メタトレンド投資《とうし》

１０倍株《ばいかぶ》・１００倍株《ばいかぶ》の見《み》つけ方《かた》

第1刷　2025年2月28日

著　　者　中島聡
発 行 者　小宮英行
発 行 所　株式会社徳間書店
〒141-8202
東京都品川区上大崎3-1-1
目黒セントラルスクエア
電話　編集／03 - 5403 - 4344　販売／049 - 293 - 5521
振替　00140 - 0 - 44392
印刷・製本　株式会社広済堂ネクスト

乱丁・落丁はお取り替えいたします。
ISBN978-4-19-865970-7